미국 영화로 보는 미국 사회

이 저서는 2017년 정부(교육부)의 재원으로 한국연구재단 대학인문역
량강화사업(CORE)의 지원을 받아 수행된 저서임

미국 영화로 보는 미국 사회

5

윤회수 지음

목 차

제2부 미국영화와 미국 사회

들어가는 말

영화는 허구의 세계를 다루지만 현실이 소재인 만큼 인간의 삶과 무관할 수 없다. 영화는 특정한 시간적, 공간적 배경 속에서 다양한 인물들이 빚어내는 이야기를 담고 있어 한 나라의 역사적, 사회적 단면을 드러내기도 한다. 한 편의 영화가 미국의 현대사를 관통하여 보여주는 한 가지 대표적인 사례로 1994년 개봉된 『포레스트 검프』를 들 수 있다.

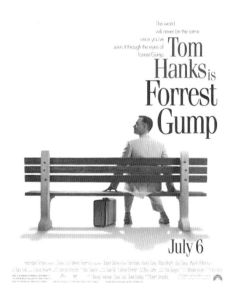

『백 투 더 퓨처』의 로버트 제멕키스 감독이 연출하고 톰 행크스가 주연한 『포레스트 검프』는 미국 남부의 앨라배마 주를 배경으로 지능지수가 75에 불과하고 기형적인 다리 모양의 주인공이 홀어머니의 극진한 보살핌과 교육열에 힘입어 정상적인 교육을 받게 되고, 우연히 찾아온 기회들을 놓치지 않아 끝내 입지전적인 인물로 거듭나는 과정을 보여준다. 무엇보다 이 영화는 미국인들이 굳게 믿고 있는 미국의 꿈(American Dream) 또는 성공 신화(success myth)를 다룬다.

장애를 극복하고 난 뒤 뛰어난 달리기 실력을 인정받아 미식축구 선수로 대학을 마치고, 월남전에 참전해 죽음을 무릅쓰고 부상당한 전우들을 안전한 곳으로 대피시킨 포레스트는 뒤늦게 발견한 탁구의 재능 때문에 일약 전국적인 유명 인사로 떠오른다. 입대동기 버바와의 약속을 지키기 위해 시작한 새우 잡이는 그를 백만장자로 만들었고, 어릴 적 여자 친구 제니를 향한 한결같은 사랑은, 비록 그녀가 병으로 죽지만 낮은 지능을 제외하고 자신을 빼 닮은 아들을 키우는 것으로 결실을 맺는다. 이처럼 이 영화는 정직성과 순진성을 갖춘 인물에게는 끝내 물질적, 도덕적 보상이 뒤따른다는 미국적 성공 신화의 모범적 사례를 보여준다.

또 한편으로 이 영화는 인생을 지배하는 것이 우연인가 아니면 운명의 작용인가 하는 질문을 우리에게 던진다. "어머니는 늘 말씀하셨어요. 인생은 초콜릿이 담긴 상자와 같다고요. 무엇을 집을지 절대로 모르니까요"(My momma always said, "Life was like a box of chocolates. You never know what you're gonna get.)라는 포레스트의 말처럼 인생은 그 결과를 예측할 수 없는 우연성에 지배 받는다. 자신을 괴롭히는 동네 아이들을 피하려다가 발견한 달리기의 재능과,

폭풍이 물러간 뒤에 몰려든 새우 떼로 벌어들인 엄청난 돈은 충분히 우연의 작용으로 설명될 수 있기 때문이다.

반면에 월남전에서 두 다리를 잃은 댄 중위의 절규처럼 누구에게나 태어나는 순간부터 부여 받은 운명의 힘에 좌우되기도 있다. 그렇다면 고비 때마다 포레스트의 삶을 결정한 것은 운명이고, 결국 그의 성공은 이미 운명적으로 예정되었다는 말이 된다. 그렇지만 이 영화는 속 시원히 그 해답을 우리에게 제시하지는 않는다. 제니의 무덤 앞에서 포레스트가 흐느끼며 하는 "우리 각자가 운명을 가지고 있는지, 아니면 모두 우연처럼 산들바람에 실려 이리저리 떠다닐 뿐인지 모르겠어"(I don't know if we each have a destiny, or if we're all just floating around accidental-like on a breeze.)라는 말은 바로 이 두 가지 모두가 우리의 삶에 영향을 미치고 있음을 가리키고 있는 것이다.

또한 이 영화는 갈등으로 점철된 미국 현대사의 소용돌이 속에서 서로 다른 길을 선택한 집단들 사이의 화해를 다룬다. 그 서로 다른 방향은 포레스트와 제니로 각각 대표된다. 원했든 원하지 않았든 포레스트는 미국 현대사의 굵직한 사건들을 목격하거나 이에 연루된다. 그는 월남전, 중국과의 핑퐁외교 등 미국현대사의 진행방향에 동참하지만, 반면에 제니는 퇴학, 히피와 반문화 운동, 반전 시위 등 그 역사의 진행을 거슬리는 방향에 뛰어든다. 그렇지만 제니를 향한 포레스트의 사랑이 결실을 이루고 두 사람 사이에 아이가 태어난다는 영화의 결말 속에는 이 두 집단이 과거를 뒤로하고 서로 화해하여 함께 미국의 역사를 만들어가야 한다는 주장이 잠재적으로 내포되어 있는 것이다.

단순한 이야기의 구조 속에 담긴 풍부한 주제들이 이 영화의 매력이지만, 주인공이 겪는 삶의 경험을 통해 미국의 현대사를 조망할 수 있는 것도 이 영화가 주는 또 다른 선물이다. 포레스트는 어머니의 하숙집에서 우연히 만난 록큰롤의 제왕 엘비스 프레슬리가 1956년 TV에서 "Hound Dog"를 부르는 장면을 목격하며, 1963년 자신이 미식축구 선수로 활약하던 앨라배마 주립대가 흑인 학생들의 입학을 둘러싸고 혼란을 겪는 상황을 지켜보는 한편, 같은 해에 일어난 존 F. 케네디 대통령의 암살 사건을 접한다. 이후에 포레스트는 1966년 베트남에 파병되고 귀국한 뒤에는 격렬한 베트남전 반전 시위를 목격하며, 국가대표 탁구 선수로 선발되어 닉슨 대통령이 중국과 국교를 맺기 위해 기획한 핑퐁외교에 참여하기도 한다. 또한 그는 워싱턴 DC를 방문했다가 워터게이트 도청 사건의 목격자가 되어 닉슨이 대통령직에서 사임하는 단초를 제공한다. 새우 잡이로 벌

1960년대 미국의 히피 세대

어들인 돈을 댄 중위가 애플사에 투자했다는 것과, 포레스트의 평생의 연인 제니가 결국 HIV에 감염되어 죽었다는 사실을 알게 되면서 관객들은 이 영화가 1950년대부터 1980년대까지 미국의 현대사와 밀착되어 있음을 확인한다.

미국 현대사의 중요한 사건들과 동행하는 주인공의 인생 역정을 통해서 사실성을 부여 받는 『포레스트 검프』처럼 이 책에서 다루어질 영화들은 대부분 미국의 역사나 사회상과 밀접하게 연관되어 있는 작품들이다. 이 책은 제1부에서 미국 초기 청교도 사회부터 베트남 전쟁까지의 역사적 사실과 관련된 영화들을 소개하고, 제2부에서는 현대 미국 사회의 다양한 모습을 보여주는 영화들을 다룰 것이다. 미국의 역사를 개관하기 위해 www.history.com과 미국 국무부가 간행한 *An Outline of the US History*가 주로 참고의 대상이 되었고 영화를 소개하는 작업에는 wikipedia와 internet movie database (www.imdb.com)가 도움이 되었다.

제2부에서 미국 문화와 미국 사회의 특징을 알아보는 데에는 *American Ways: An Introduction to American Culture*와 『살림총서』가운데 미국에 관한 저작들이 크게 도움이 되었다. 졸저『영화로 세상 읽기: 영문학자가 본 서른 편의 영화』(2015)도 이 책의 중요한 밑바탕이 되었다. 이 책이 미국 사회와 미국 영화를 이해하는 데 조금이라도 도움이 될 수 있기를 기대한다.

제1부

미국의 역사와
미국 영화

1. 초기 미국의 역사와 청교도 사회

청교주의(Puritanism)는 16세기 후반 영국 국교회 내에서 시작된 종교 개혁 운동이다. 청교도들은 영국 왕 헨리 8세가 로마 카톨릭 교회와 교황의 권한을 거부하며 창설한 영국 국교회를 개혁하기를 열망하여 성공회가 이어 받은 로마 카톨릭 교회의 형식적 요소를 칼뱅주의 신앙 체계와 간소한 예배 절차로 바꾸기를 바랐으나 국가 교회를 부정하고 왕의 권위에 도전한다는 이유로 탄압을 받게 된다. 1609년 영국교회에 반대하는 소수의 분리주의자들(Separatists)은 종교적 박해를 피해 네델란드의 레이덴(Leyden)으로 건너가고 이들 가운데 상당수의 청교도 이민자들이 종교적 자유를 열망하며 대서양을 건너 식민지 미국의 매사추세츠 주에 정착하였다. 1620년 메이플라워호를 타고 플리머스에 내린 101명의 순례자들 (pilgrims)과 그 뒤를 따른 사람들 가운데 중심 세력이 된 것이 바로 청교도들이었다.

17세기 중반 이후 청교주의는 뉴잉글랜드를 중심으로 식민지 미국의 종교적, 지적, 사회적 기반을 건설하는 데 기여한다. 청교도들은 하나님과 약속을 맺었으며, 하나님은 신자들에게 운명을 예정하셨으므로 삶이 미리 정해진 것이라 믿었고 유럽에서와는 달리 종교적 자유가 보장되는 이상적 신정국가(theocracy)를 건설하려는 열망으로 충만했다. 그러나 로저 윌리엄즈나 앤 허친슨처럼 경직된 청교주의에 반발하는 사람들이 생겨나고 세일럼의 마녀 재판 등과 같은 종교적인 박해도 발생한다. 18세기에 접어들면서 청교주의는 차츰 그 영향력을 잃어갔지만 영국으로부터 독립을 획득하기까지, 초기 식민지 시대 미국 사회의 기틀을 마련하였다.

세일럼에서 벌어진 마녀 재판의 삽화

영화: 『도가니』(*The Crucible*)

　『도가니』는 1953년 미국 극작가 아서 밀러(Arthur Miller)가 발표한 희곡을 작가 자신이 각색하여 1996년 영화로 만든 작품이나. 17세기 말 미국 매사추세츠 주 세일럼(Salem)에서 실제로 일어났던 마녀 재판을 소재로 한 이 영화는 초기 청교도 사회를 지배했던 경직되고 엄격한 종교적 분위기가 불러온 참담한 결과를 다룬다. 주인공존 프로터(John Proctor) 역은 다니엘 데이 루이스가, 아비게일 윌리엄즈(Abigail Williams)는 위노나 라이더가 맡아 열연했다.

1692년 어느 날 아침, 매사추세츠 주 세일럼의 소녀들 몇 명이 바베이도스인 노예 티투바와 함께 숲 속에서 은밀한 의식을 벌인다. 그 가운데 아비게일 윌리엄즈는 자신이 사랑하는 존 프록터의 부인이 죽기를 기원하며 닭을 죽여 그 피를 먹는다. 근처를 지나던 아비게일의 삼촌, 사무엘 패리스 목사에 발견된 여자 아이들이 도망치던 중, 패리스 목사의 딸 베티는 넘어져 의식을 잃고 만다.

패리스는 아비게일에게 그날 숲 속에서 무슨 일이 있었는지 묻지만 베티, 루스, 토마스와 앤 퍼트남의 딸은 누운 채 일어나지 않는다. 루스가 태어나기 전 일곱 명의 아이가 출산과 동시에 사망한 적이 있는 퍼트남 부인은 이 일로 큰 충격을 받는다. 소녀들이 단순히 연기를 했다고 생각하는 자일스 코리와, 한 때 아비게일과 불륜 관계를 가졌던 존 프록터가 패리스의 집을 방문한다. 아비게일은 아직도 프록터를 사랑하지만, 프록터는 자신의 실수를 알아차리고 이미 그녀를 떠났다. 퍼트남과 패리스 목사는 베티와 루스가 악마에게 씌었다고 생각하여 베벌리에서 존 헤일 목사를 불러 베티의 상태를 검사해 줄 것을 부탁한다. 아비게일은 자기 자신과 다른 여자 아이들이 처벌을 받지 않도록 티투바가 악마와 합작하고 있었다며 거짓 주장을 한다. 채찍을 맞은 티투바는 자신이 마녀임을 고백하며 교수형을 면한다. 한 술 더 떠 소녀들은 존 프록터의 아내 엘리자베스 프록터를 포함하여 악마와 함께 있었다고 주장하는 여자들의 이름을 폭로한다.

존 프록터는 자신의 하인 매리 워렌에게 마법이 허위였다는 사실을 법정에서 증언할 것을 요구한다. 매리는 아비게일을 두려워하지만 결국에는 동의한다. 프랜시스 너스는 피의자들의 무고함을 보증하는 사람들의 명단을 공개하지만 판사들은 명단에 있는 모든 이들을 체포하여 심문할 것을 지시한다. 자일스 코리는 루스 퍼트남이 레베카 너스를 고소했을 때, 토마스 퍼트남이 딸 루스에게 "좋은 땅"을 얻어줬다고 말하는 소리를 들은 사람이 있다고 주장하면서도 이 말을 들은 사람이 누구인지 밝히기를 거부한다. 소녀들에게 악마로 고발당한 프록터의 아내 엘리자베스는 임신한 사실을 밝힘으로써 아기가 태어날 때까지 죽음을 면하게 된다.

법정에 소환 당해 마법에 대해 거짓 증언을 하였는지 질문 받던 소녀들은 매리 워렌이 그들에게 마법을 걸었다며 소란을 피운다. 그들 가운데 주동자인 아비게일이 순진한 아이가 아님을 입증하기 위해, 존은 자신이 그녀와 불륜을 저지른 사실을 고백하며 아비게일이 엘리자베스를 제거한 뒤 자신과 결혼하려 했다고 주장한다. 아비게일은 혐의를 부인하고 엘리자베스는 남편의 주장이 사실인지 밝히기 위해 소환된다.

그러나 존이 자백한 사실을 모른 채 그의 명예를 지키려던 엘리자베스는 존과 아비게일의 관계를 부인한다. 헤일 목사가 존은 정직한 사람이라며 재판관들을 설득하려 하지만, 소녀들은 매리 워렌이 노란 새의 모양으로 자신들을 공격한다며 법정에서 소동을 벌이고 재판관들이 이것이 진실임을 믿도록 새를 피해 밖으로 뛰쳐나간다. 매리 워렌도 교수형을 피하기 위해 존이 마법을 걸었다고 주장한다. 절망에 빠진 존 프록터는 하나님에게 되돌아갈 것인지를 질문 받는 순간 "신은 죽었다"고 외치며 체포당하고 만다.

존 프록터의 사형이 집행되기 전 아비게일은 헤일 목사의 부인도 마녀인 사실을 법정에 알리려 하지만 판사들은 목사의 부인은 깨끗할 것이라며 아비게일을 믿지 않는다. 재판이 끝나자 소녀들은 마을에서 추방자 취급을 받는다. 주동자 아비게일은 패리스 목사의 돈을 훔쳐 바베이도스로 가는 배를 타고 도망치기 전, 감옥에 갇힌 존을 찾아가 이런 소란이 일어날 것을 원치 않았다고 사과하면서 같이 가자고 설득하지만 거절당한다. 존의 교수형 전 날, 사형 집행으로 인해 세일럼에 자신을 겨냥한 폭동이 일어날 것을 두려워한 나머지 패리스 목사는 엘리자베스에게 남편의 목숨을 살릴 수 있도록 설득한다. 아내를 만난 존은 삶에 강한 애착을 느끼며 자신이 저지르지도 않은 죄를 자백할 것에 동의한다. 그러나 자신의 죄를 입증하는 자백서에 서명을 해야만 다른 이들의 자백도 받아낼 수 있다고 종용하는 판사들을 향해 자손들이 불명예를 겪지 않도록 자신의 이름은 빼달라고 외치며 결국엔 종이를 찢어버린다. 교수대에 선 존 프록터, 레베카 너스와 마사 코리가 함께 주기도문을 외우는 가운데 교수형은 집행된다.

19세기 미국 소설 『주홍글자』로 유명한 나다니엘 호손(Nathniel Hawthorne)의 증조부 존 헤이손(John Hathorne)이 참여했던 세일럼의 마녀 재판―호손은 자신의 선조가 마녀 재판의 판사로 참여했던 것을 부끄럽게 생각한 나머지 성을 Hathorne에서 Hawthorne으로 고친다―을 통해 20명 이상의 마을 사람들이 마녀로 몰려 목숨을 잃는다. 실제로 마녀가 존재했고 마을 사람들이 집단적 히스테리에 사로잡혔는지의 여부를 떠나서, 그 당시 마녀로 고발당한 사람들과 고발한 사람들의 관계를 살펴보면 흥미로운 사실이 발견된다.

세일럼은 농업을 기반으로 한 전통적인 청교도 사회에서 점차 세속적인 사회로 이행되고 있었는데 고발자들은 대체로 농업과 교회에 얽매인 전통적인 청교도 공동체를 대표하는 사람들이고, 반면에 마녀로 지목되어 고발당한 이들은 가게를 운영하거나 교역에 종사하는 신흥 상업 계층이 주를 이루었다. 따라서 마녀 재판은 전통적

인 세력과 신흥 세력 사이의 권력 다툼이 표출된 결과로도 해석될
수 있다.

이 영화의 원작은 1950년대 냉전시대의 미국 사회를 경험한 아서
밀러가 그 시대를 지배했던 매카시즘의 광기를 간접적으로 풍자한
극작품이다. 1952년 밀러의 친구이자 영화감독 엘리아 카잔(Elia
Kazan)은 공산주의자들을 색출하기 위해 활동하던 하원 비미국 활
동 위원회(the House Un-American Activities Committee, HUAC)에
출두하여 자신이 블랙리스트 명단에 오르는 것을 두려워한 나머지
공산당원으로 활동했다는 8명의 이름을 공개한다. 이 일이 있고난
뒤 밀러는 과거 마녀재판이 일어났던 세일럼을 방문하여 역사적 사
실들을 수집하고 1953년 1월 브로드웨이에서 이 작품을 무대에 올
린 바 있다.

2. 미국의 독립 전쟁

식민지 미국은 영국으로부터의 독립을 쟁취하기 위해 1775년부터 1783년까지 전쟁을 벌인다. 독립 혁명은 영국의 지배를 받는 13개 식민주[1] 정부와 주민들과의 갈등이 점차 고조되면서 전개된다. 영국 정부가 인지세법, 설탕세법[2] 등을 통해 식민지에 세금을 부과하면서도 대표권을 인정하지 않자 "대표권 없이 세금 없다"(No taxation without representation)고 주장하는 식민지 주민들의 반발을 불러일으킨다. 식민지 주민들의 저항이 점점 고조되며 마침내 1770년 보스턴에서 영국군과 식민지 주민들 사이에 첫 유혈사태가 벌어지고, 1773년에는 영국이 동인도회사에게 식민지에 대한 독점적인 차 수출권을 준 것에 반발하여 새뮤얼 애덤스가 이끄는 한 무리의 청년들이 모호크 원주민 복장으로 변장하고 항구에 정박한 세 척의 배에 난입해 차를 바다에 던져버린 보스턴 차 사건(Boston Tea Party)이 벌어진다.

1775년 전쟁이 선포되고 렉싱턴에서 첫 전투가 시작된 지 1년이 지난 1776년 7월 4일에 벤저민 프랭클린, 토마스 제퍼슨을 포함한 독립 운동가들이 제퍼슨이 주도하여 작성된 미국 독립 선언서에 서명한다. 모든 이가 평등하게 태어 낳고 누구나 행복을 추구할, 남에

---

1) Connecticut, Delaware, Georgia, Maryland, Massachusetts, New Jersey, New York, New Hampshire, North Carolina, Pennsylvania, Rhode Island, South Carolina, Virginia

2) 인지세법(stamp act)은 1765년 3월 22일, 영국 왕 조지 3세가 재가하고, 같은 해 11월 1일에 시행된, 영국이 미국 식민지에 부과한 인지세를 정한 법이다. 이것은 신문, 팜플렛 등의 출판물, 법적 유효한 모든 증명서, 허가증, 트럼프 카드 등에 인지를 붙이는 것을 의무화한 것이다. 1766년 3월 20일에 폐지되었다. 설탕법(Sugar Act)은 1764년 4월 5일 영국 총리 조지 그렌빌의 주도로 영국 의회에서 제정한 관세에 관한 법률이다. 설탕법은 설탕 1갤론에 3펜스의 관세를 부과하고 그 범위를 와인, 커피, 의류 등에도 확대하였다. 이 법은 프랑스 인디언 전쟁에서 입은 막대한 빚을 갚기 위한 모금 의도가 강했다.

"보스턴 티 파티"의 삽화

게 양도할 수 없는 권리를 신으로부터 부여받았으며, 그 권리를 억압하려는 정부는 국민들의 동의를 받은 새로운 정부에 의해 대체되어야 함을 역설하는 독립 선언서를 통해 자주국임을 선포한 미국은 1778년 프랑스군의 도움을 받아 초기의 열세를 뒤집기 시작한다. 전쟁이 발발한지 6년만인 1781년 버지니아 주 요크타운에서 영국군이 식민지 혁명군에 항복을 함으로써 마침내 미국은 독립을 쟁취한다. 1783년 프랑스 파리에서 파리 조약을 체결함으로써 영국은 식민지였던 13개 주의 독립과 자유, 자치 지배권을 인정하였다.

영화 『패트리어트』(*The Patriot*)

멜 깁슨이 주연한 영화 『패트리어트』(2000)는 미국 독립전쟁 당시 남부의 사우스 캐롤라이나를 배경으로 영국군에 맞섰던 가공의 인물 벤저민 마틴의 활약상을 그린 역사물이다.

1776년 미국 독립 혁명 당시, 프랑스 인디언 전쟁의 참전용사이며 아내를 잃고 7명의 자녀를 키우던 벤저민 마틴은 사우스캐롤라이나 주 의회에서 있을 미 독립군 세금 부과에 관한 표결에 참여하기 위해 찰스턴을 방문한다. 영국과의 전쟁을 찬성하지 않던 벤저민은 기권을 하지만 투표의 결과 참전이 결정되고 벤저민의 큰아들 가브리엘은, 아버지의 반대에도 불구하고 혁명군에 입대한다.

2년 뒤 찰스턴은 영국군에 의해 점령당하고 부상을 입은 가브리엘은 집으로 돌아온다. 벤저민의 가족은 영국군과 미국 민병대 부상자들을 도와주지만 무자비한 윌리엄 태빙턴 대령의 영국 기마병들이 나타나 가브리엘을 체포한다. 태빙턴 대령은 가브리엘을 풀어주려던 둘째 아들 토마스를 사살한 뒤 집에 불을 지르고 반란군 부상자들을 모두 죽일 것을 명령한다. 벤저민은 두 명의 어린 아들들에게 소총을 주고 매복하다가 가브리엘을 후송하는 영국군들을 살해한다. 간신히 살아남은 영국군 생존자 한 명이 태빙턴에게 이 기습공격에 대해 보고한 뒤 벤저민에게는 "유령"이라는 별명이 붙여진다. 벤저민은 자녀들을 처제 샬롯에게 맡기고 가브리엘과 함께 민병대에 가담한다.

벤저민은 과거의 자신의 지휘관이었던 해리 버웰 대령에 의해 지역 민병대의 대장으로 임명되고, 영국군 콘월리스 장군의 연대를 상대로 게릴라 전투를 벌여 남쪽에 고립시키는 임무를 부여받는다. 프랑스 군 장 빌라누브 소령은 민병대 훈련을 도우며 프랑스군의 지속적인 지원을 약속한다. 아이러니하게도 벤저민은 자신이 영국군으로 프랑스 인디언 전쟁에 참전했을 때 전우들과 함께 프랑스 군의 요새인 윌더네스를 점령하는 임무를 수행하다가 프랑스군 용사들을 무자비하게 사살한 적이 있음을 밝힌다.

벤저민의 민병대는 영국군의 보급선을 침투하고 콘월리스의 말두 마리를 납치한 뒤 찰스턴으로 이어지는 다리와 길을 모두 불태워버린다. 벤저민에게 기만 당한 콘월리스는 태빙턴에게 그가 이끄는 민병대를 제압할 것을 지시한다.

혁명군에 가담했다가 변절한 윌킨스 대위의 도움으로 태빙턴은 민병대원들의 신분을 파악한 뒤 그들의 가족과 재산을 모두 불태워버릴 목적으로 공격을 시작하고 벤저민의 가족은 샬롯의 농장에서 간신히 탈주한다. 태빙턴의 부대는 민병대를 지원하는 마을로 진입한다. 그는 가브리엘과 결혼한 앤을 포함한 마을의 모든 주민을 교회에 모아 놓고 반란군의 위치를 알려주면 해치지 않겠다고 약속했지만, 위치를 알아낸 뒤 교회를 불태워 주민들을 몰살한다. 이 사실을 안 가브리엘이 태빙턴의 진지를 찾아 공격하지만 치명적인 부상을 입고 뒤늦게 도착한 아버지의 품에서 숨을 거둔다.

슬픔에 빠진 벤저민은 싸움을 계속해야할지 망설이다가 결국은 전투를 계속하기로 결심한다. 그의 민병대는 규모가 더 큰 혁명군의 연대와 함께 사우스 캐롤라이나 주 카우펜스 전투에서 콘월리스의 연대와 결전을 벌인다. 민병대의 활약으로 초반의 열세가 뒤집히고 마침내 벤저민은 태빙턴을 죽여 두 아들의 원수를 갚는다. 카우펜스 전투에서 반란군은 남부에서 콘월리스의 영국군을 상대로 매우 의미 있는 승리를 거둔다. 후퇴를 거듭한 끝에 콘월리스는 버지니아 주 요크타운에서 포위되며 혁명군과 프랑스 해군에게 항복한다. 전쟁이 끝난 뒤 벤저민은 가족들에게 돌아가 폐허가 된 집을 수리하는 모습을 끝으로 영화는 막을 내린다.

이 영화는 주인공 벤저민 마틴이 특정한 실존 인물을 모델로 삼지 않았고 태빙턴 대령으로 대표되는 영국군의 잔인성이 실제로는 발생한 적이 없다는 이유로 그 사실성이 의문시되기는 했지만 사우스 캐롤라이나 주를 비롯한 미국 남부에서 벌어진 독립전쟁의 면모를 형상화했다는 점에서 그 역사적 의의를 지닌다고 할 수 있다. 특히 이 영화에서 다루어진 사우스 캐롤라니아 주 카우펜스(Cowpens)의 전투는 식민지 혁명군이 콘월리스의 영국군을 격파한 매우 의미 있는 전투로서 독립전쟁의 전세를 바꾸고 버지니아 주 요크타운에서 영국군으로부터 항복을 받아내는 결정적 계기를 마련하였다.

미국 독립전쟁의 삽화

영화 『라스트 모히칸』(*The Last of the Mohicans*)

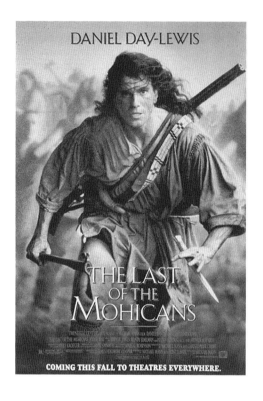

    영화 『라스트 모히칸』(1992)은 독립전쟁 이전 영국이 프랑스와 원주민들을 상대로 벌였던 프랑스 인디언 전쟁을 배경으로 한 역사극이다. 미국의 소설가 제임스 페니모어 쿠퍼(James Fenimore Cooper)의 동명의 소설을 영화한 작품으로 주인공 나다니엘(호크아이)의 역을 다니엘 데이 루이스가, 코라(Cora)의 역은 매들린 스토우가 맡았다.

    1755년부터 1763까지 치러진 프랑스 인디언 전쟁(French and Indian War)은 유럽에서 영국과 프랑스 사이의 7년 전쟁이 벌어지고 있을 때, 북아메리카 대륙에서 오하이오 강 주변의 인디언 영토를 둘러싸고 영국과 프랑스가 벌인 식민지 쟁탈 전쟁을 말한다. 영국과 프랑스 모두 인디언들과 동맹을 맺었지만, 영국 측에서 볼 때 프랑스가 인디언과 보다 긴밀한 동맹을 맺었기 때문에 프랑스 인디언 전쟁이라고 부른다. 이 전쟁의 결과, 영국은 제2차 백년전쟁이라고도 할 수 있는 북미 식민지 전쟁의 참전국 중 가장 큰 발전을 이룰 수 있게 되었다. 프랑스는 미시시피 강 서쪽의 루이지애나를 동맹국 스페인에 양도했으며, 이는 스페인이 패전으로 플로리다를 영국에 넘겨준 대가였다. 스페인은 영국에 플로리다를 양보한 대가로 쿠바의 아바나를 손에 넣었다. 이 전쟁의 결과로 영국은 북아메리카 동쪽 절반에 대한 식민지 지배력을 굳혔다.

『라스트 모히칸』은 1757년 프랑스 인디언 전쟁 도중에 영국 식민지인 뉴욕의 아디론대크 산맥을 중심으로 전개된다. 영국군 소령 던컨 헤이워드는 에드먼드 먼로 대령이 지휘하는 윌리엄 헨리 요새에 복무하기 위해 뉴욕 주의 올바니에 도착한다. 헤이워드는 아버지를 만나기 위해 영국에서 건너온 먼로 대령의 두 딸 코라와 앨리스를 아버지에게 안전하게 호송하는 임무를 맡게 된다. 코라를 연모하는 그는 떠나기 전에 그녀에게 청혼하지만, 코라는 답을 하지 않는다.

헤이워드 소령과 두 여자를 포함한 영국 군 사병들은 원주민 마구아의 안내를 받아 시골 지역을 행군한다. 그러나 휴런 족의 첩자인 마구아에 의해 일행은 기습을 당해 모든 사병들이 죽거나 부상을 입지만, 모히칸 족의 추장 칭카치국과 아들 운카스와 칭카치국의 양아들 백인 나다니엘 포(호크아이)에 의해 헤이워드와 여자들은 무사히 구출된다. 그들은 도망친 마구아를 제외하고 모든 매복자들을 사살한 다음 헤이워드와 여자들을 요새로 호송한다. 그 동안 코라와 나다니엘 사이에 낭만적인 감정이 싹트고 운카스와 앨리스도 서로에게 매력을 느끼기 시작한다. 일행은 먼로 대령이 프랑스군과 휴런 족 동맹군들에 포위되었다는 사실을 알게 되지만 몰래 요새로 진입하여 대령을 만난다. 한편 호크아이와 코라의 사랑이 깊어지면서 코라는 결국 헤이워드와 결혼하지 않을 것을 결심한다.

먼로 대령의 반대에도 불구하고 자신들의 집과 가족을 지키기 위해 요새에서 이탈하고 이들을 도와주던 호크아이는 영국군에게 체포되어 사형을 선고 받는다. 코라의 간청으로 사형 집행이 연기되고 증원군을 받지 못한 먼로 대령은 무기를 지닌 채 요새를 떠난다는 조건으로 프랑스군에게 항복한다. 프랑스군과 동맹을 맺었지만 먼로 대령에게 적개심을 지니고 있던 휴런 족 마구아는 요새를 떠나던 영국군을 기습하고 대령을 살해한다.

나다니엘은 코라, 앨리스와 헤이워드를 피신처로 도피시키지만 마구아가 이들을 찾아내 끌고 간다. 상황이 여의치 않자 나다니엘은 휴런 족 족장과 담판을 지으려고 휴런 족 마을로 들어간다. 나다니엘의 설득에도 불구하고 족장은 마구아에게 코라를 불태워 죽이고 앨리스를 마구아의 부인으로 삼는 것을 조건으로 다툼을 해결하라고 권유한다. 그 때 헤이워드가 자신이 희생하겠다고 나서자 족장은 나다니엘이 코라와 함께 떠날 것을 허락한다.

마을을 벗어난 나다니엘은 산채로 불에 타 고통스러워하는 헤이워드의 숨을 끊어 고통을 덜어주고 운카스와 함께 앨리스를 구출하려 마구아를 뒤쫓는다. 운카스가 마구아에게 죽자 앨리스는 절벽 아래로 스스로 몸을 던진다. 칭가치국이 나타나 마구아와 결전을 벌여 아들의 죽음에 복수한다. 칭가치국은 신에게 모히칸 족 최후의 전사인 운카스를 받아 달라고 기도한다.

3. 서부 개척의 역사

1803년 미국의 제3대 대통령 토마스 제퍼슨은 프랑스 정부로부터 루이지애나 영토를 매입한다. 루이지애나는 미시시피 강부터 로키산맥을 통과하여 뉴올리언즈까지 이르는 거대한 규모의 땅이다. 이로 인해 미국의 영토는 대략 2배로 커진다. 토마스 제퍼슨은 서부 확장이 독립한지 얼마 안 된 미국의 새로운 미래일 것으로 생각했다. 국가는 독립적이고 도덕적인 시민들로 구성되고 작은 농장을 기반으로 한 토지의 소유를 중시하는 이상적인 중농주의가 제퍼슨의 사상적 기반이라 할 수 있다. 루이지애나 매입을 기점으로 동부에 살던 많은 사람들이 경제적인 기회와 새로운 삶에 대한 희망을 품고 서부로 진출하기 시작했다. 1816년부터 1821년까지 인디애나, 일리노이, 메인, 미시시피, 앨라배마, 미주리 등 6개의 주가 추가로 탄생한다.

서부로의 이주를 가속화한 이유 가운데는 이주민들이 농장을 마련하기가 어렵지 않았다는 사실이 자리 잡고 있다. 정부 소유의 땅을 1 헥타르 당 2.5 달러에 매입할 있었고, 1862년 링컨의 정부가 자영농지법(Homestead Act)을 통과시킨 뒤로는 자리를 차지하고 개간을 하기만 하면 그 소유권을 주장할 수 있었다. 또한 아직 주로 편입되지 않는 캘리포니아 준주(Territory)에서 1848년 1월에 금이 발견되면서 30만 명이 넘는 사람들이 몰려드는 이른바 골드 러쉬(Gold Rush)가 벌어진다. 작은 개척지였던 샌프란시스코는 신흥 도시로 성장하였다. 도로, 교회, 학교를 포함한 마을들이 속속 들어서는 캘리포니아는 1850년 미국의 31번째 주로 편입된다.

서부로 몰려드는 백인들의 수가 많아지자 미국 정부는 원주민들을 더욱 척박한 땅으로 이주시키고, 인디언 부족이 소유한 토지를 분할하여 농사를 장려하고 토지소유권을 부여했으며 남는 토지는 미국 정부가 강제적으로 사들였다. 정부는 다시 철도 회사들에게 땅을 팔았고 이를 사들인 철도 회사들은 원래 인디언 부족 땅의 절반에 가까운 부분을 차지하게 된다. 원주민들을 내몰고 나서 빈 땅이 늘어나자 1889년에는 대대적으로 수많은 백인들이 오클라호마 준주에 몰려들었다. 이 빈 땅을 12시 정각에 일렬로 늘어선 대열이 동시에 달려 나가 먼저 깃발을 꽂은 사람들이 차지하는데 이를 오클라호마 랜드 러쉬(Land Rush)라고 일컫는다. 여기에서 더 빨리 달리면 더 먼저 큰 땅을 가질 수 있다는 말이 생겨났고 더 먼저라는 뜻의 'sooner'에 뒤에 복수형 접미사 's'을 붙여서 'sooners'라는 단어가 탄생했다. 이 단어는 현재 오클라호마 주민들을 뜻하는 애칭으로 통용되고 주의 별명으로도 사용된다.

오클라호마 랜드 러쉬의 모습

영화 『파 앤드 어웨이』(*Far and Away*)

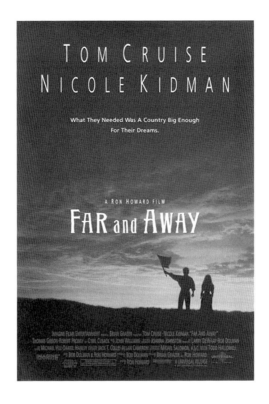

　영화 『파 앤드 어웨이』(1992)는 론 하워드 감독의 작품으로서 조국 아일랜드를 떠나 기회의 땅 미국에서 새로운 삶을 시작하려는 두 남녀 조셉 도널리(Tom Cruise)와 섀넌 크리스트(Nicole Kidman)의 분투를 다룬다. 이 영화에는 1893년 벌어진 오클라호마 랜드 러쉬의 장면이 포함되면서 역사성과 사실성이 더해진다.

　1892년 아일랜드, 조셉 도널리의 집은 밀린 월세 때문에 지주 다니엘 크리스티의 부하들에 의해 불 태워진다. 복수를 결심한 조셉은 크리스티를 죽이려 그의 저택에 침입하지만 실패하고 만다. 그러나 가족의 전통에 저항하고 미국에서 새로운 삶을 꿈꾸던 크리스티의 딸 섀넌은 스캔들을 피하기 위해 조셉을 하인으로 위장하여 함께 미국으로 건너간다.

미국행 배 안에서 섀넌은 맥과이어라는 인물로부터 미국에 대해 정보를 얻는다. 그는 섀넌과 조셉에게 오클라호마로 달려가 남들처럼 땅을 소유해야 한다고 말한다. 그녀는 자신의 값나가는 은수저들이 오클라호마로 가는 비용을 감당할 수 있을 것이라 하자 맥과이어는 그들이 미국에 도착한 뒤 수저를 팔 수 있는 가게를 찾아줄 것을 약속한다. 그러나 보스턴에 도착한 뒤 맥과이어는 총에 맞아 죽고 그의 시체에서 빠져나온 섀넌의 은식기들은 지나가는 행인들의 차지가 된다.

그녀와 조셉은 아일랜드 이민자 사회의 리더인 마이크 켈리를 소개받고, 켈리는 그들에게 일자리를 얻어주지만 이 두 사람은 작은 방 하나를 나눠 써야 하는 처지가 된다. 입소문을 피하기 위해 조셉은 그녀가 자신의 누나라고 주장하는데, 그 이유는 주변에는 노동자 계층 밖에 없기 때문에 다른 이민자들이 섀넌이 유복한 집안의 출신인 사실이 알려지면 위험에 빠질 수 있기 때문이다.

둘은 방을 같이 쓰면서 점차 서로에게 이끌리지만 아무렇지 않은 척 하며 하루하루를 보낸다. 하루는 조셉이 맨주먹 권투 시합이 벌어지는 켈리의 클럽에 들러, 권투 시합을 신청하고 상대방을 KO시킨다. 이 후에 그는 낮에는 섀넌과 닭털을 뽑는 공장에서 일하고 밤에는 정기적으로 클럽에서 권투로 돈을 벌기 시작한다. 한편 아일랜드에서 섀넌의 가족은 화난 세입자들에 의해 집이 불타 없어지자 미국으로 이민을 결심하고 도망간 딸을 찾아 나서기로 한다.

조셉은 더 많은 돈을 모으기 위해 섀넌이 켈리의 클럽에서 스트립

쇼 댄서로 일하기 시작한 사실을 알게 되자 하루빨리 오클라호마로 가는 비용을 마련하려 200달러가 걸린 권투 시합에 뛰어들지만 상대방에게 치명적인 주먹을 허용하고 패배하고 만다. 켈리와 그의 일당에 의해 조셉은 클럽 밖의 길가에 버려진다. 간신히 방으로 돌아온 그는 켈리 일당이 섀넌과 조셉이 그동안 모아둔 돈을 찾고 있는 것을 목격하지만 결국 방에서 쫓겨나 섀넌과 함께 노숙자 신세로 전락한다.

춥고 굶주린 둘은 빈집으로 보이는 고급스러운 집에 들어가 추위를 피하고 허기를 달래지만 돌아온 집주인에게 쫓겨 나고 섀넌은 총에 맞아 부상을 입는다. 조셉은 그녀를 아일랜드에서 건너온 부모에게로 데려다준 뒤에 혼자서 서부로 향한다. 그는 철도를 놓는 일을 하며 아일랜드에서부터 그토록 소망하던 토지 소유의 꿈을 점차 포기한다. 그러나 조셉은 오클라호마 랜드 러쉬에 대한 포스터를 발견하고 웨건 열차에 올라타 랜드 런 시간에 맞추어 오클라호마에 도착한다.

조셉은 그곳에서 섀넌과 그녀의 가족 그리고, 그녀의 약혼자 체이스가 먼저 도착한 것을 발견한다. 그는 체이스로부터 그녀에게 다시 접근하면 죽여 버리겠다는 협박을 당한다. 조셉은 말 한 필을 사지만 그 말이 몇 시간 뒤에 죽어 버리자 어쩔 수 없이 다루기 힘든 야생마를 타고 랜드 러쉬에 참가한다.

이 영화에서 가장 볼만한 장관을 이루는 랜드 런 장면에서 조셉은 어렵사리 땅에 깃발을 꽂고 그토록 간절했던 토지 소유의 꿈을 이루고 마침내 섀넌에게 사랑을 고백하면서 영화는 막을 내린다.

미국의 꿈을 주제로 다룬 전형적인 로맨스 물이지만 19세기 후반 아일랜드 이민자들의 삶을 생생하게 보여주었다는 점에서 이 영화는 역사성을 지닌다.

영화 『용서 받지 못한 자』(*Unforgiven*)

　미국의 역사학자 프레데릭 잭슨 터너의 말처럼 미국의 역사는 "끊임없이 뒤로 물러서는 개척지"(ever-retreating frontier)의 역사이다. 17세기부터 초기 이주민들이 주로 미 대륙의 동부지역에 정착하기 시작한 뒤부터 미국은 차츰 그 영토를 늘려나갔다. 이 과정에서 개간되지 않은 땅, 즉 개척지들이 쉴 새 없이 줄어들었고, 19세기 말에 이르러서는 지금과 같은 미국의 지도가 그려지게 된 것이다. 그리고 이 개척지에서의 삶이 미국인들의 가치관 형성에 절대적인 영향을 끼치게 된다.

새로운 삶의 터전에 정착하기 위해 개척자들은 거친 자연이나 원주민들과 싸워야 했고, 또한 개척지 사회에 필요한 법과 질서에 도전하는 세력들을 제거해야만 했다. 이 과정에서 자연스럽게 형성된 것이 바로 '강인한 남성성을 갖춘 미국적 영웅'(American macho hero)의 이미지이다. 서부 영화에 자주 등장하는, 선량한 약자를 보호하고 사악한 악당을 응징하는 이 영웅의 이미지는 존 웨인(Jojn Wayne)이나 훗날 『다이 하드』의 브루스 윌리스(Bruce Willis) 등에 의해 계승 발전된다. 그러나 마카로니 웨스턴 영화 『황야의 무법자』로 우리에게 알려지기 시작한 클린트 이스트우드(Clint Eastwood)는 스스로 연출하고 주연한 영화 『용서받지 못한 자』(1992)를 통해 개척지의 삶과 영웅의 이미지를 둘러싼 기존의 신화를 한 겹 두 겹 벗겨낸다.

젊은 시절 "악명 높을 정도로 사악하고 난폭한 기질의"(of notoriously vicious and intemperate disposition) 도둑이며 살인자였지만, 착한 아내와 결혼해 과거를 청산하고 농사를 지으며 조용히 살던 윌리엄 머니에게 다시금 유혹의 손길이 뻗쳐온다. 아내가 병으로 세상을 떠나고 기르던 가축들이 전염병으로 죽어가자, 생계마저 어려워진 그는 술집에서 창녀의 얼굴에 칼질을 해댄 카우보이들의 목에 걸린 현상금을 노리고 다시 총을 잡는다. 옛 동료 네드(Morgan Freeman)를 설득한 그는 초라한 집에 아이들만 남겨둔 채 먼 길을 나선다.

그러나 말에 올라타기조차 힘들어하던 그는 문제의 술집에 들어서자마자 정의의 수호자를 자처하는 포악한 보안관 리틀 빌(Gene Hackman)에게 흠씬 얻어맞고 마을 밖으로 쫓겨난다. 칼질을 당했던 창녀의 도움으로 간신히 목숨을 건진 그는 차츰 기력을 되찾고, 천신만고 끝에 현상금이 걸린 카우보이들을 찾아 살해한다. 나이 어린 창녀의 복수를 위해 그녀의 동료들이 애써 모은 현상금을 받아 들며 어색해 하던 머니는, 사람을 죽이는 일에 회의를 느끼고 집으로 되돌아가던 동료 네드가 리틀 빌에게 붙잡혀 참혹하게 죽음을 당했다는 소식을 듣고 다시 마을로 돌아와 보안관과 그의 일당을 모두 살해한 뒤 마을을 떠난다.

복수가 그 주제인 단순한 서부극으로 읽힐 수 있는 이 영화에는 사실 기존의 서부 개척기 신화의 허구성을 파헤치려는 의도가 담겨 있기도 하다. 무엇보다도 이 영화는 언제나 정의를 편드는 의로운 영웅의 이미지를 허물고 있다. 머니는 박해 받는 약한 여성들을 보호하려는 목적이 아니라 궁색한 삶에서 벗어나려 현상금을 노리고 다시 총을 들었을 뿐이다. 공정하게 법을 집행해야 할 보안관 리틀 빌도 창녀에게 폭행을 가했던 카우보이들이 단지 몇 마리의 말을, 그것도 창녀의 고용주인 술집 주인에게 보상하는 것으로 처벌을 면하도록 허용한다.

공권력을 대표하는 보안관과 동기가 순수하지는 않더라도 나름의 정의를 실천하려는 머니가 모두 과거에 악행을 저질렀던 총잡이 출신이라는 사실만으로도 개척기의 영웅상은 여지없이 허물어지고 만다. 창녀들이 모은 현상금을 노리고 마을에 들어섰던 또 다른 총잡이 잉글리시 밥이 리틀 빌에게 수모를 당하고 쫓겨나자 그를 따라다니던 전기 작가가 이제는 보안관의 전기를 쓰겠다고 달려드는 모습을 통해 이 영화는 서부극의 영웅상이 돈벌이를 겨냥한 싸구려 소설 등에 의해 조작된 이미지일지도 모른다는 사실을 드러낸다.

죽음을 앞둔 아내의 간곡한 애원을 뒤로하고 또 다시 폭력의 길로 들어선 머니는 결국 과거의 행적을 "용서받지 못한 자"가 되고 만 셈이다. 비록 소외된 약자의 편에서 싸우기는 했지만 폭력을 또 다른 폭력으로 응징하는 행위를 정의의 실천이라 부를 수는 없기 때문이다. 폭력이 법과 제도로 다스려질 때 비로소 문명사회가 탄생한다.

영화 『보울링 포 콜럼바인』(*Bowling for Columbine*)

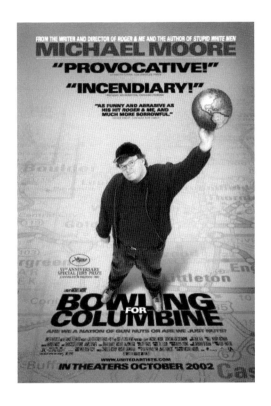

　　미국의 서부 개척은 미국인들에게 꿈을 실현하는 새로운 기회를 제공하기도 했지만 가장 해결하기 어려운, 총기 소유의 과제를 남겨 놓기도 하였다. 물론 미국 헌법 제 2 수정 조항에 총기 소유의 합법성이 보장된 것이 문제의 시발점이기는 하지만, 서부 개척 당시 변경 지역에서 자신과 가족을 지키기 위해, 그리고 원주민을 향해 총기를 사용해야 하는 과정에서 총기 소유의 권리는 강화되었고, 훗날 미국은 전 세계에서 총기 사고로 인한 사상자가 가장 많은 나라라는 오명

을 갖게 된다.

마이클 무어 감독이 만든 『보울링 포 콜럼바인』(2002)은 1999년 4월 콜로라도 주 콜럼바인 고등학교에서 발생한 대량 살상 총기 사건을 계기로 미국 내 빈번한 총기 사고의 현황과 그 역사적 뿌리를 탐색하는 다큐멘타리 영화이다. 그는 다양한 인물—사우스 파크 프로듀서 맷 스톤, 전미 총포 협회(NRA)장 찰턴 헤스턴, 음악가 매릴린 맨슨—들과 인터뷰를 가지면서 이 총기 난사 사건을 포함하여 특히 총기와 관련된 미국의 높은 범죄율의 원인을 알아본다.

이 영화의 제목은 1999년 4월 20일 콜로라도 주의 콜럼바인 고등학교 학생 에릭 해리스와 딜런 키볼드의 총기 난사 사건을 바탕으로 한다. 학생들은 오전 6시에 보울링 수업을 듣고 오전 11시 19분 경 학교에서 교사와 학생들을 향해 총을 난사한다. 나중에 밝혀진대로 사건 당일 두 학생은 보울링 수업에 참가하지 않았다는 사실을 통해 무어 감독은 엄청난 총기 사건을 보울링 수업과 한 데로 묶으려는 언론의 얄팍한 센세이셔널리즘을 풍자한다.

물론 마이클 무어는 보울링의 주제를 이 다큐멘터리 영화의 출발점으로 삼는다. 그는 미시간 민병대원들의 사격 훈련에서 보울링 핀이 이용되는 장면을 보여주고, 사건을 벌인 두 학생 에릭과 딜런의 동급생들과 가진 인터뷰에서 그들이 체육 시간을 대체하여 보울링을 했다는 사실을 드러내며 이 수업이 교육적인 의도와는 거리가 멀다는 것을 언급한다. 학생들의 증언대로 에릭과 딜런은 내성적이고 적극성이 없었으며 어느 누구도 신경을 쓰지 않았다고 한다. 무어 감독은 학교가 학생들의 애로 사항을 들어주는지에 대해 의문을 제기한다. 또한 무어는 미시간 주의 오스코다의 젊은 주민 두 사람과 인터뷰를 통해 이 작은 마을에서 총을 구입하는 것은 어려운 일이 아니라는 사실을 알게 된다. 범인 가운데 한 사람인 에릭 해리스는 아버지가 공군에서 복무 중이던 어린 시절 오스코다에 살았던 적이 있다.

무어 감독은 미국에서 벌어지는 빈번한 총기 사고의 원인들을 찾아 나선다. 그 첫 번째 원인으로 감독은 손쉬운 총기 소유 절차를 지적한다. 다큐멘터리의 초반에서 미시간의 한 은행이 일정한 액수의 예금 계좌를 개설한 고객에게 무료로 소총을 제공한다는 소식을 듣고 그는 은행을 찾아가 계좌를 열고 필요한 문서 작성과 신원 조회를 마친 뒤 소총을 받아간다.

이어서 무어 감독은 콜럼바인 사건의 주동자들의 잔인한 행동과 그 지역 인근의 거대 로켓 제조 시설을 연관시킨다. 그는 지역 사회 내 존재하는 이 시설이 갈등을 해결하기 위해 제도화된 폭력을 사용하는 것을 정당화하는 사회적 분위기와 맞물려 있음을 지적하면서, 인터뷰 도중 록히드 마틴사의 콜롬바인 지사의 임원 맥컬럼에게 다음과 같은 질문을 던진다: "그래서 아이들이 이런 의문을 갖지 않을까요? '아빠는 매일 공장에 가서 대량 살상 무기를 제조하는데, 그런 대량 살상과 콜럼바인 고등학교의 학살과는 무슨 차이가 있나요?'라는 의문 말입니다."

이에 대해 록히드 사의 임원은 이렇게 대답한다. "우리가 제조하는 미사일은 공격자들로부터 우리를 방어하기 위해 설계되고 계획된 것이기 때문에 저는 전혀 연관이 없다고 봅니다."

무어 감독은 맥컬럼의 발언을 반박하기 위해 미국이 자국의 방어보다 다른 나라를 상대로 공격을 일삼는 국가였다는 것을 보여주는 구체적인 사례들을 루이 암스트롱의 노래 "What a Wonderful World"

에 실어 나열한다.

1953년 미국은 이란의 국무총리 무하메드 모사덱을 타도하고 샤를 지배자로 만드는 일에 개입한다.

1954년 미국은 민주적으로 선출된 과테말라 대통령 아르벤즈를 타도하고, 그 결과 200,000명의 민간인이 사살된다.

1963년 미국은 월남 대통령 고 딘 디엠의 암살을 용인한다.

1963년부터 1975년까지 미국의 군사 개입으로 베트남 전쟁에서 3백만 명 이상이 목숨을 잃는다.

1973년 9월 11일, 미국은 칠레에서 쿠데타를 유도한다. 민주적으로 당선된 살바도르 아옌데 대통령은 암살되고 독재자 아우구스토 피노체트가 취임하면서 5,000명의 칠레 국민들이 피살된다.

1977년 미국은 엘살바도르의 군사 지도자들을 후원한다. 70,000명의 엘 살바도르 국민과 4명의 미국인 수녀들이 피살된다.

1980년대 들어 미국은 소련인들은 죽일 목적으로 오사마 빈 라덴과 테러리스트들을 훈련시킨다. CIA는 이들에게 3억 달러를 지원해 준다.

1981년, 레이건 행정부는 콘트라 반군을 훈련시키고 원조함으로써 30,000명의 니카라과 국민들이 목숨을 잃는다.

1982년 미국은 사담 후세인에게 이란인들을 죽이기 위한 무기 거래를 위해 몇 백억의 달러를 지원한다.

1983년 미국 정부는 이라크인들을 사살할 목적으로 이란에게 극비로 무기를 제공한다.

1989년 CIA 요원 마누엘 노리에가가 미국의 지시에 복종하지 않자 미국은 파나마에 침공하여 그를 제거한다. 이 과정에서 3,000명의 사상자가 발생한다.

1990년 이라크는 미국의 무기 지원을 받아 쿠웨이트를 침공한다. 다음 해 이라크를 격파한 부시 대통령은 쿠웨이트의 독재자를 복귀시킨다.

1998년 클린턴 대통령은 수단의 무기 공장으로 추정되는 장소에 폭탄을 투하하지만, 알고 보니 아스피린 제조 공장이었다.

1991년 이후 미국 전투기는 이라크에 주기적으로 폭탄을 투하한다. UN은 약 500,000명의 이라크 아이들이 폭탄을 공습 제재로 인해 죽을 것으로 예상한다.

2000년부터 2001년까지 미국은 탈레반 정권의 아프가니스탄에게 2억 4천 5백 달러를 제공한다.

2001년 9월 11일 오사마 빈 라덴은 자신이 받은 CIA 훈련을 바탕으로 3,000명의 미국 시민들을 살해한다.

무어 감독은 미국과 비슷한 수준의 총기 소지율을 보여주는 캐나다를 비교의 대상으로 삼아 총기로 인한 범죄율이 훨씬 낮은 캐나다와 미국과의 차이가 무엇인지를 따져본다. 많은 전문가들은 TV, 영화, 게임에서 비롯된 폭력성이 큰 원인이라 주장하면서 가수 매럴린 맨슨의 과격한 노랫말이 청소년들에게 폭력을 조장한다며 그를 표적으로 삼는다. 그러나 무어 감독과의 인터뷰에서 맨슨은 미국 사회가 공포를 조장하여 소비를 촉진한다고 주장한다. 예를 들어 콜게이트 치약 광고는 "당신한테서 구취가 나면, 사람들은 당신과 대화를 하지 않을 것 입니다"라고 광고함으로써 소비자들에게 불안감을 조장한다는 것이다.

감독은 공포와 불안감을 조장하는 또 다른 주체로 언론과 방송을 지목한다. 방송은 앞 다투어 각종 리얼리티 프로그램을 방영하여 흑인에 의한 범죄를 과장함으로써 시민들이 자기 방어의 목적으로 총기를 구매할 것을 부추긴다는 것이다.

　무어 감독은 미시간 주에 있는 가난한 지역의 뷰엘 초등학교에서 1학년 흑인 남학생이 엄마와 함께 얹혀사는 삼촌 집에서 권총을 학교로 들고 와 백인 여자 동급생을 살해한 사건을 소개하며 아이를 돌볼 수 없을 만큼 힘들게 살아온 아이 엄마의 가난이 이 사건의 원인이었음을 지적한다. 버스를 타고 먼 길을 이동하며 하루에 두 세 군데의 직장을 전전하는, 복지 제도의 손길이 미치지 못하는 그녀의 고달픈 삶 때문에 아이를 제대로 돌볼 수 없어 결국 이 비극적인 총기 사고가 초래되었다고 보는 것이다.

　영화의 후반부에서 감독은 콜럼바인 총기 사고의 생존자 두 사람을 데리고 미국의 대형 슈퍼마켓 K마트 본사가 있는 미시간 주 트로이를 방문한다. 이는 K마트와 같은 곳에서 총탄을 쉽게 구할 수 있는 제도적 허점이 콜럼바인 총기 사고와 같은 대량 인명 살상 사건을 일으켰음을 항의하기 위해서이다. 몇 차례의 방문과 면담 요청 끝에 K마트 대변인은 기존의 정책을 변경하여 탄약 판매를 단계적으로 폐지할 것이라고 선언한다. 감독은 믿기지 않은 태도로 이렇게 말한다. "우리가 이겼다. 우리가 원했던 것 보다 더 많은 것을 얻었어."라고.

　끝으로 무어 감독은 전미 총기 협회 회장을 지낸 영화배우 찰튼 헤스턴을 방문하여 대담한다. 헤스턴은 미국의 긴 "폭력의 역사"와 다른 나라에 비해 "다양한 인종"이 치솟는 범죄율에 기여한다고 답변한다. 감독은 헤스턴에게 뷰엘 초등학교 총기 난사 사건과 콜럼바인 사건 직후 NRA 집회를 이끈 것에 대해 사과할 마음이 없는지 물어본다. 이에 대해 헤스턴은 무어 감독에게 NRA와 자신은 미국의 총기 폭력과 무관하며 총을 소지하면 안 되는 사람들에 의해 폭력이 발생한다고 하면서도 미국인에게 무기 소지는 헌법으로 보장된 권리임을 주장한다. 집요하게 계속되는 감독의 불편한 질문에 헤스턴은 인터뷰를 중단하고 그와 촬영 팀에게 자기 집에서 나가 줄 것을 요청한다. 무어 감독은 뷰엘 초등학교에서 희생당한 어린 소녀의 사진을 놓아둔 채 그 집을 나선다.

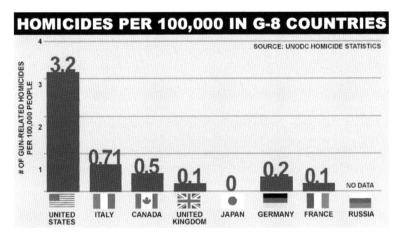

G-8 국가 인구 1000명 당 총기 사망자 비율

4. 남북 전쟁과 노예제도

1861년 미국 북부와 남부 주들의 잦은 갈등과 대립으로 인해 독립 이후 첫 내전인 남북 전쟁이 4년 동안 진행된다. 전쟁이 발발하기 전 북부와 남부 사이에는 주의 권리 대 연방의 권한, 서부 진출과 노예 제도 등 다양한 문제를 둘러싸고 항상 긴장감이 고조되었다. 1860년 노예제도에 반대하는 공화당 후보 에이브라함 링컨이 대통령으로 당선된 뒤 남부의 7개의 주가 연방(Union)에서 탈퇴하여 남부 연합(Confederate)을 결성한다. 이를 계기로 전쟁이 발발하여 남부 연합군과 북부 연방군은 매나새스, 안티텀, 챈슬러스빌, 게티스버그, 빅스버그 등에서 전투를 벌인다. 전쟁 초반에는 버지니아 주 출신의 로버트 E. 리 장군의 지휘 하에 남부 연합군이 주도권을 잡았지만 1862년 안티텀 전투에서 북부 연방군이 대승을 거두며 전세가 뒤집히기 시작한다.

1863년 1월 1일 강력한 연방주의자인 링컨 대통령이 노예 해방령을 선포하며 모든 노예들에게 자유를 주며 전시에 결정적인 역할을 하도록 만든다. 이후 북부가 게티스버그 전투와 빅스버그 전투에서 남부를 제압하며 확실히 주도권을 잡기 시작한다. 1864년 링컨이 율리시스 그랜트 장군을 총사령관으로 임명한 뒤 북부 연합군은 계속 진군하며 남부를 후방으로 몰아넣었고, 결국 전쟁이 발발한지 4년만인 1865년 4월, 로버트 리 장군은 그랜트 장군에게 항복하면서 내전은 끝난다. 전쟁이 끝나고 며칠 뒤인 4월 14일 링컨 대통령은 워싱턴 DC의 포드 극장에서 연극 시청 중 존 윌크스 부스에게 암살된다.

미국의 노예 제도는 미국이 영국 식민지였을 때 아프리카에서 잡혀온 흑인들이 버지니아의 제임스타운에서 물건으로 거래되면서 시작되었다. 흑인 노예들은 담배 등 수익성이 좋은 농작물 재배를 위한 목적으로 끌려왔다. 17, 18세기 노예제도는 계속되었고 노예들은 새로운 국가 건설의 중대한 기반이 되었다. 그러나 독립 전쟁이 끝난 뒤 새로운 미국 정부는 노예제도를 그대로 방치할 수는 없었다.

19세기 초반, 노예제도 폐지와 합법화를 둘러싼 논쟁과 갈등이 지속된다. 또한 루이지애나 영토 매입으로 서부 진출이 가능해지자 확장된 영토에 노예제를 허용하는가의 여부가 큰 문제가 되었다. 정부는 1820년 미주리 협정으로 미주리 주를 제외한 북위 36°30' 이북의 루이지애나 영토 내에 설치되는 주에서는 노예제도를 폐지해야 한다는 것을 결정함으로써 이 문제를 해결하려 했다. 1850년에는 캔자스-네브라스카 법안으로 미주리 협정을 무효로 하고 캔자스와 네브라스카의 두 주를 인정하며 노예 제도의 대해서는 양 주의 주권에 따라서 결정하도록 하면서 노예제를 반대하는 측의 분노를 촉발한다. 노예제 반대론자들은 인간이 평등하게 태어났다는 독립 선언서의 취지를 바탕으로 평등권을 파괴하고 인권을 유린한다는 이유로 노예제도를 비판하기도 했지만, 노예제도가 남부 주들을 넘어 서부로까지 확대될 경우 무임금으로 노동에 동원되는 흑인 노예들 때문에 백인의 일자리가 위협받을 것을 우려하는 경제적인 이유도 존재했다.

갈등은 계속되고 북부와 남부간의 대립이 더욱 심화되면서 1861년 링컨 대통령의 당선으로 남부는 연방에서 탈퇴하고 남북전쟁이 발발한다. 2년 뒤 링컨은 1863년 노예 해방령을 선포하여 노예 제도를 공식적으로 폐지하고 2년 뒤에 전쟁이 종전된다. 그러나 노예제의 유산은 남부 주들에서 암암리에 지속되고 백인과 흑인을 분리하되 동등하게 대우한다는—"separate but equal"—Jim Crow 법령을 통해 차별이 합법화된다. 흑인에 대한 인종차별은 1950년대와 1960년대를 거치면서 중요한 사회적인 이슈로 부각되면서 미국 사회를 격동 속에 몰아넣는다.

북부 연방군 병사들의 모습

영화 『영광의 깃발』(Glory)

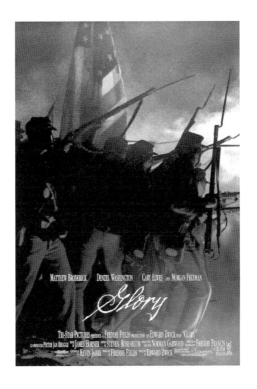

  영화 『영광의 깃발』(1989)은 남북 전쟁 당시 흑인으로 구성된 북부 연방군의 매사추세츠 제54연대와 이를 지휘한 실존 인물 로버트 쇼 대령의 활약을 그린 작품이다.

  미국 내전 중 안티텀 전투에서 부상을 입은 로버트 쇼 대위(매튜 브로데릭)는 병가로 전장을 떠나게 된다. 후에 대령으로 진급한 쇼는 전원 흑인으로 편성된 제54 매사추세츠 자원 보병 연대의 지휘를 맡게되고 자신의 친구인 포브스 소령에게 부지휘관을 맡아달라고 부탁한다.

로버트 쇼 대령

1863년 링컨의 노예 해방 선언에 격분한 남부 연합군은 모든 흑인 사병들이 노예제로 돌아갈 것을 명령하고 북부 연방군 군복을 입은 흑인들뿐만 아니라 그의 백인 상관들도 처형하겠다는 것을 공표한다. 그러나 54연대 흑인 사병들은 명예 전역할 수 있는 기회를 거절하고 전투에 투입될 수 있도록 혹독한 훈련을 받게 된다.

쇼 대령은 흑인 병사들 가운데 탈영한 사일러스 트립(Denzel Washington)이 붙잡히자 군기를 강화하기 위해 다른 병사들 앞에서 체벌을 가하지만 뒤늦게 보급품이 열악한 상황에서 새 군화가 필요한 나머지 탈영했다는 사실을 알아낸다. 대령은 인종차별적인 병참장교에게 이의를 제기하고 흑인 병사들이 백인 병사들에 비해 적은 월급을 받는 것에 항의한다. 이 과정에서 대령은 흑인 병사들로부터 지휘관에 대한 신뢰감을 얻게 된다.

훈련 기간이 끝나자 54연대는 찰스 하커 대장의 지휘계통으로 편입된다. 사우스 캐롤라이나 주로 이동 중에 제임스 몽고메리 대령이 조지아 주의 한 마을을 태워버릴 것을 명령하지만 쇼는 이 명령을 따를 것을 거절하여 보직 해임 위기에 처한다. 그는 계속해서 상관들에게 전투 대신 노역에만 종사하여 조롱거리가 된 자신의 부대에게 싸울 기회를 달라고 요청한다. 쇼는 하커의 부대가 비인간적이고 불법적인 행위를 한 것에 대해 보고를 하겠다고 협박을 한 끝에 54연대는 드디어 사우스 캐롤라이나 주 제임스 섬에서 첫 전투에 투입되어 전공을 세운다. 쇼는 트립을 연대기의 기수로 임명하려하지만 그는 노예들이 전쟁 후에 더 나은 삶을 살게 되리라는 것을 믿지 못해 거절한다.

찰스턴 항구를 사수하라는 중요 임무를 지시받은 쇼 대령은 이를 위해 모리스 섬을 공격하고, 와그너 요새를 함락시켜야하는 이 작전에서 많은 사상자가 발생할 것을 예상하면서도 54연대가 선두로 나설 것을 선언한다. 전투 전날 흑인 병사들은 종교 행사를 통해 사기를 진작하며 하느님께 기도한다. 그 동안 조롱을 일삼던 다른 부대들은 진군하는 54연대를 응원한다.

돌격의 과정에서 54연대는 많은 사상자들로 치명적인 타격을 입는다. 쇼 대령은 전사하고 기수가 되기를 거절했던 트립은 연대기를 들고 행진하다가 총격을 받고 숨진다. 수적인 열세를 만회하지 못한 54연대는 결국 대부분 전사한다. 전투가 끝난 다음 날, 해변에는 북부 연방군의 시신들이 어지럽게 흩어져 있고 요새에는 여전히 남부 연합군의 기가 세워져 있다. 비록 와그너 요새를 점령하지는 못하였지만 이 전투에서 54연대원들이 보여준 용맹함으로 말미암아 북부 연방군에는 흑인 사병들이 속속 입대하게 된다.

영화 『노예 12년』(*12 Years a Slave*)

영화 『노예 12년』은 뉴욕 주에서 태어난 자유민이면서도 계략에 말려 납치되고 노예로 팔려가 수난을 겪은 실존 인물 솔로몬 노섭(Solomon Northup)의 수기를 바탕으로 만들어진 작품이다. 2013년 아카데미 최우수 작품상을 포함하여 많은 상을 수상한 바 있다.

1841년 뉴욕의 사라토가 스프링스에 거주하는 두 아이의 아버지이자 아내를 둔 흑인 솔로먼 노섭은 바이올리니스트로 활동 중이다. 두 백인 남성 브라운과 해밀턴이 그에게 접근해 같이 워싱턴 DC로

가면 음악가로 취직을 시켜 준다는 조건을 제시한다. 그러나 도착한 뒤, 두 사람은 노섭에게 약물을 투여하고 버치라는 남성의 노예 수용소로 끌고간다. 노섭은 강제로 징용된 다른 흑인들과 함께 뉴올리언스로 호송된다. 노예 상인인 프리맨이 노섭에게 "플랫"이라는 별명을 붙이고 대 농장 주인 윌리엄 포드에게 팔아버리고 포드는 다시 에드윈 엡스(Michael Fassbender)라는 다른 농장 주인에게 노섭을 팔아넘긴다. 그 과정에서 노섭은 자신이 자유인이라는 사실을 설명하려 하지만, 아무런 도움을 받지 못한다.

노섭은 농장에서 엡스에게 총애를 받으면서도 성폭행을 당하며 고통 받는 여성 노예 팻시를 만난다. 엡스의 농장에 목화 벌레가 발생하자 엡스는 자신의 노예들을 근교 농장에 임대해준다. 노섭은 그곳에서 터너의 편애를 받으며 주민의 결혼식 행사에 연주할 기회를 얻는다. 노섭은 엡스의 농장으로 돌아 온 뒤, 농장의 감독관이었던 암스비를 통해 연주로 벌어들인 돈으로 뉴욕에 있는 자기 친구들에게 편지를 보내려한다. 그러나 편지를 전해줄 것을 약속했던 암스비는 돈만 받고 노섭을 배신한다.

노섭은 캐나다인 노동자 사무엘 배스(Brad Pitt)와 함께 가제보를 만드는 일을 시작한다. 앱스가 노예들을 학대하는 것에 불만을 표시하고 노예 제도에 대한 반감을 나타내는 배스에게 노섭은 자신이 납치된 경위를 털어놓고 그에게 가족이 사는 사라토가 스프링스에 편지를 전해 줄 것을 부탁한다. 배스는 목숨이 위태로울 수 있지만 그의 부탁을 들어준다.

어느 날 노섭은 어느 한 남성과 동행한 보안관에게 불려간다. 보안관은 노섭의 과거 이야기가 사실인지 확인하기 위해 뉴욕에서 살았던 경험에 관해 질문한다. 노섭은 보안관의 동행자가 사라토가에서 알던 가게 주인인 파커 씨인 것을 알아본다. 엡스는 격하게 노섭이 떠나지 못하게 막으려 하지만, 파커는 노섭을 해방하러 온 것이다.

12년 동안의 노예 생활을 끝내며 노섭은 팻시를 포함한 다른 노예들을 뒤로 하고 다시 자유를 찾아 가족의 품으로 돌아가게 된다. 영화의 에필로그는 노섭이 브라운, 해밀턴과 버치를 상대로 소송을 벌였지만 승소하지 못했다는 사실과, 그가 노예제도 폐지 운동에 가담했다는 사실을 기록한 회고록 『노예 12년』을 1853년에 출간하였다는 것을 소개한다.

영화 『링컨』(*Lincoln*)

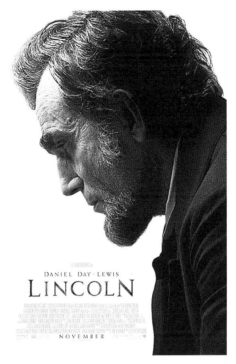

영화 『링컨』은 노예해방을 선언하고 남북전쟁을 승리로 이끈 제 16대 미국 대통령 에이브라함 링컨의, 잘 알려지지 않았던 노련한 정치가로서의 면모를 보여주는 역사물이다. 2012년 스티븐 스필버 그가 감독한 이 작품은 2013년 아카데미상 시상식에서 링컨을 연기한 다니엘 데이 루이스에게 남우주연상의 영예를 안겼다.

1865년 1월, 링컨 대통령은 남부 연합군의 패배로 내전이 한 달 내 종전될 것이라 예상한다. 그러나 그는 1863년 선언한 노예 해방령이 전쟁이 끝나면 폐지될 것을 예상하고, 공식적으로 노예 제도를 폐지하고 범죄자를 제외하고서 비자발적인 예속을 금지하기 위해 제안된 미국 헌법 제13조 수정 조항이 남부 주들에게 무산될 것을 걱정한 나머지 이 조항을 긴급하게 통과시키는 것이 급선무라 여긴다. 급진적 공화당 의원들은 수정안 통과를 지연시키기 위한 방해 책동을 우려한다. 남북 경계선 상에 위치한 주의 공화당 의원들은 종전이 시급하기 때문에 아직 이 수정안을 확실히 지지하는 것도 아닌 상태이다. 혹여 공화당이 전체적으로 의견 일치를 보더라도 수정안의 통과를 위해서는 몇몇의 민주당 의원의 지지가 필요한 실정이다. 1864년 재선에 실패한 하원의 민주당 의원들이 임기 말에 접어들었으므로 링컨 대통령의 조언자들은 공화당이 하원에서 다수당이 되어 수정안이 쉽게 통과될 수 있을 때까지 기다릴 것을 충고한다. 그러나 단호한 의지의 링컨은 수정안이 통과되어 빨리 노예 문제가 해결되어야 한다고 주장한다.

링컨이 제안한 수정안이 통과하기 위해서는 서부와 경계주의 보수적 공화당 정파의 설득을 위해 공화당의 창설자인 프랜시스 프레스턴 블레어의 지지가 필요하다. 아직 전쟁이 끝난 것은 아니지만 거의 북부 연방군의 승리가 보장되어 있고 두 아들이 북부 연방군에서 복무중인 블레어는 빨리 종전을 원한다. 지지에 대한 보상으로 블레어는 링컨이 자신에게 남부 연합 정부와 평화 협상을 즉시 진행할 권한을 달라고 요구한다. 블레어의 제안은 링컨의 상황을 더욱 복잡하게 만들 것이다. 링컨의 수정안을 지지하는 급진적 공화당은 노예 제도를 유지하는 것에 절대 반대하지만, 다른 공화당 의원들은 종전이 우선이며 노예 제도의 유지 여부는 급선무가 아니기 때문이다. 블레어의 지지 없이는 진행이 되지 않을 것을 아는 링컨은 마지못해 그에게 임무를 부여한다.

링컨과 국무 장관 윌리엄 시워드는 필요한 민주당의 지지를 확보하기 위해 노력한다. 링컨은 이미 재선에 실패하여 수정안에 대한 표결이 차기 선거 운동에 지장을 줄지 걱정할 필요가 없는 임기 말의 의원들을 집중 공략할 것을 제안한다. 의원직에서 물러나면 일자리가 필요한 이들에게 링컨은 직장을 알선할 것을 약속한다. 링컨과 시워드는 자신의 대리인들에게 민주당 의원들에게 조용히 접근하여 일자리를 제공을 받는 대가로 수정안의 통과를 지지해 줄 것을 요구하도록 지시한다.

토론 도중, 인종적 평등을 지지하는 타디우스 스티븐스(Tommy Lee Johnson)는 이 수정안이 실질적인 평등이 아니라 법률적 평등을 추구할 뿐이라고 주장한다. 한편 남부 연합군 특사는 링컨을 만나 평화의 조건을 협상할 준비를 갖추고 있었지만, 하원에서 수정조항에 대한 투표가 임박하자 링컨은 그들이 워싱턴에 진입하지 못하게 조치한다. 이 사실이 알려지자 민주당과 보수적 공화당 의원들이 표결을 연기하려 하지만 링컨은 특사들이 워싱턴에 도착한 사실을 부인한다. 결국 표결은 진행되어 간신히 두 표의 근소한 차이로 수정 조항은 통과된다.

링컨은 남부 연합의 특사들을 만나 노예제는 이제 다시는 복구될 수 없음을 천명한다. 4월 3일, 링컨은 버지니아 주 피터스버그에서 율리시스 그랜트 중장을 만나고 6일 뒤 아포마톡스 법원 청사에서 남부의 로버트 리 장군의 항복을 받아낸다.

4월 14일, 링컨은 정부의 각료들과 만나 장차 흑인들에게 선거권을 부여할 것을 의논한 뒤 영부인 매리 토드 링컨(Sally Field)과 함께 포드 극장을 찾는다. 같은 날 저녁, 그로버 극장에서 『알라딘과 마술 램프』를 관람하던 관객들은 극장의 매니저가 연극을 중단시키고 대통령이 총격을 당하였다고 알리는 순간 큰 충격에 빠진다. 그 장소에는 링컨의 아들 태드도 연극을 관람 중이었다. 다음 날 아침 링컨은 숨을 거두고 육군 장관 에드윈 스탠튼은 "이제 그는 역사가 되고 말았습니다"라고 선포한다.

5. 미국 이민의 역사

　미국 이민의 역사는 영국의 식민지였던 17세기부터 20세기 초반까지 계속되었다. 17세기에는 경제적 풍요를 꿈꾸는 가난한 사람들, 종교적 박해를 피하려는 청교도들, 원하지 않게 아프리카에서 끌려온 흑인 노예들이 이민자들의 대부분을 차지했다. 미국이 영국으로부터 독립한 뒤 19세기에 이민자의 숫자는 급격하게 증가한다. 북부와 서부 유럽에서 온 이민자들 가운데 중 ⅓ 이상이 극심한 기근을 피해 미국으로 건너 온 아일랜드 인들이었다. 또한 5백만 명 이상의 독일 이민자들도 19세기 중반에 미국에 정착하기 시작하였다. 1850년대 캘리포니아에는 많은 중국계 이민자들이 골드 러쉬의 물결을 타고 미국에 정착하였다.

　많은 외국인들이 급격하게 입국하기 시작하면서 반이민자 정서가 나타나기 시작한다. 최초의 이민을 제한하는 연방 입법은 1882년 5월 6일에 체스터 A. 아서 미국 대통령이 서명한 법률로서 중국인 노동자의 이주를 금지시킨 중국인 배척법(Chinese Exclusion Act)이었다. 1892년 뉴욕시 엘리스 섬(Ellis Island)에는 미국의 첫 이민자 출입국 관리소가 설치된다.

　그러나 이민에 대한 규제에도 불구하고 급속한 공업화와 도시화가 진행되던 1880년부터 1920년에 대략 2천만 명의 이민자들이 미국에 정착한다. 대부분의 이민자들은 중부, 동부, 남부의 유럽인들이었고, 그 가운데 상당한 비율을 이탈리아인들과 종교 박해를 피해 온 유태인들이 차지했다.

　이민자들이 기하급수적으로 증가하자 1917년 정부는 만16세가 넘는 이민자들에게 읽기 능력 시험을 실시하는 등 규제를 강화하고 1920년에는 이민자 할당제(Quota)를 정한다. 제1, 2차 세계대전 이후 이민자의 수는 줄어들지만, 1965년 유럽 이민자들을 선호한 쿼터 시스템이 폐지되면서 아시아계 이민자들과 남미계 이민자들이 대거 유입되었다.

영화 『조이 럭 클럽』(*The Joy Luck Club*)

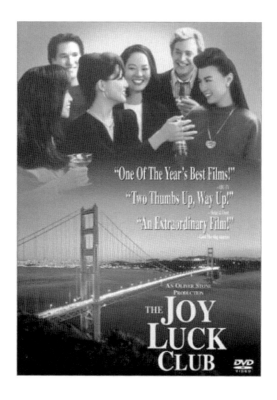

　자식이 잘 되기를 바라는 것이 한결같은 부모의 마음이다. 그러나
자식들이 부모의 사랑을 고스란히 받아들이는 일은 좀처럼 드물다.
사랑의 전달과 해석의 방식이 서로 다르기 때문이다. 흔히 '세대차
이'로 불리는 부모와 자식 간의 코드의 차이는, 전통적인 가치관이
빠르게 변하는 사회에서 보다 분명하게 드러난다. 중국계 미국인 여
성작가 에이미 탠(Amy Tan)의 소설을 영화화한 『조이 럭 클럽』
(1993)은 중국계 미국인 이민사회를 배경으로, 사랑의 전달과 해석
방법을 놓고 벌어지는 어머니와 딸의 갈등과 화해를 다룬다.

영화는 서로 다른 네 모녀의 이야기를 들려준다. 미국으로 건너오기 전 어머니들은 중국에서 예외 없이 기구한 삶을 살았다. 전쟁의 소용돌이 속에 어린 쌍둥이 딸들을 중국에 놔두고 올 수밖에 없었던 수유안과, 나이 열다섯에 어린 신랑에게 시집와서 아들을 빨리 낳지 않는다는 시어머니의 닥달을 용케 벗어난 린도는 미국에 건너와 새로운 삶을 개척한다. 바람둥이 남편에 대한 복수심으로 아이를 물속에 빠뜨려 죽인 잉잉, 돈 많은 남자의 넷째 부인이 되었다가 스스로 목숨을 끊은 어머니를 곁에서 지켜본 안 메이에게도 미국은 과거의 사슬을 끊을 수 있는 곳이다.

이 네 어머니들의 한결같은 바람은 딸들이 자유로운 땅에서 능력을 한껏 펼쳐 자기들의 기구한 삶을 반복하지 않는 것이다. 그러나 어머니들의 이 소박한 희망이 딸들에게는 여간 부담스럽지 않다. 수유안의 딸 징 메이는 어릴 적 피아노 연주회에서 큰 실수를 저지른 이후, 자신은 하는 일마다 늘 어머니의 기대를 충족시키지 못한 '패배자' (loser)라고 생각한다. "어머니는 저의 참 모습을 결코 알지 못해요"(You never see what I really am)라고 항변하는 징 메이에게, 수유안은 "너에게는 아무도 어쩔 수 없는 너만의 스타일이 있지"(You have style no one can teach), 그렇지만 단지 "네가 잘 되기를 바랐을 뿐이야"라고 말한다.

딸이 지닌 능력의 한계를 알면서도 끝까지 희망을 잃지 않으려는 것이 어머니의 사랑법이라면, 자기를 있는 그대로 인정해 달라는 것이 딸이 요구하는 사랑이다. 어릴 때 체스의 천재로 명성을 날린 웨이벌리와 어머니 린도의 관계도 마찬가지이다. 어머니가 자신을 내세워 과시하려 든다는 생각에서 체스를 그만두었다가 끝내 모든 재능을 잃어버린 웨이벌리는 "내가 무슨 일을 하든 결코 어머니를 기쁘게 할 수 없다"(Nothing I do can ever please you)며 자포자기의 상태에 이른다. 그러나 첫 결혼에 실패하고 백인 남성과의 재혼을 둘러싸고 갈등하던 그녀는, 어머니의 잔소리가 다시는 딸이 결혼생활에 실패하지 않기를 바라는 마음에서 비롯되었음을 뒤늦게 깨닫는다. 근본적으로 사랑이 담긴 어머니의 책망을, 칭찬을 남발하는 미국식 교육에 길들여진 딸은 이해하지 못한 것이다.

어떠한 사랑의 방식이 더 바람직스러운가에 대해 영화는 우리에게 명쾌한 결론을 내려 보여주지는 않는다. 각기 다른 환경에서 자란 이민 1세대와 2세대에게는 서로 다른 삶의 방식이 존재하기 때문이다. 그러나 위기에 처한 딸들에게 끝내 힘과 용기를 불어넣는 것은 분명 어머니들이다. 지나칠 정도로 공평하게 생활비를 부담하는 것을 결혼의 유일한 미덕으로 여기는 남편 때문에 딸 리나가 힘들어하자 어머니 잉잉은 묻는다. "남편에게서 원하는 것이 무어냐"고. "존중과 다정함"이라는 대답에 어머니는 "그러면 당장 남편에게 말하렴. 그러고는 이 기울어진 집에서 나가거라. 남편이 양손을 벌리고 네게 그것들을 쥐여줄 때까지 돌아오지 마"(Then tell him now. And leave this lopsided house. Do not come back until he gives you those things, with both hands open.)라고 충고한다. 어머니로부터 용기를 얻은 리나는 결국 남편에게서 벗어나 새로운 삶을 시작한다.

부모의 마음은 때로 자식에 의해 오해 받기도 하지만, 그것은 언제나 자식을 향한 사랑으로 채워져 있음을 이 영화는 새삼 우리에게 확인시키고 있다.

영화 『비지터』(*The Visitor*)

예기치 않은 타인과의 만남으로 단조로운 일상이 흐트러지고, 세상을 바라보는 시각이 달라지는 경우가 발생한다. 지금껏 전혀 상관이 없었던 이들의 삶이 새로운 의미로 다가오면서 의외의 고통을 수반하기도 한다. 미국 영화 『비지터』는 변화 없이 지루한 삶을 이어가던 한 지식인이 타인과의 뜻밖의 조우로 불법 이민자들의 불안과 고통의 삶에 눈 뜨는 과정을 그린, 잘 알려지지 않은 수작이다.

62세의 월터 베일(Walter Vale, 리차드 젠킨스)은 대학에서 경제학을 가르치는 교수이다. 피아니스트였던 아내와 사별하고 20년째 같은 과목을 반복해서 가르치면서 삶의 활력을 잃은 그는 우연한 기회에 자신의 일상을 뒤흔드는 사건에 휘말린다. 자신이 직접 쓰지도 않은 논문을 발표하러 어쩔 수 없이 뉴욕에서 열리는 학회에 참석한 그는 오랫동안 비워둔 자신의 아파트에서 두 명의 낯선 젊은이들과 마주친다. 불법 체류자로서 주인 몰래 월터의 아파트에 살던 시리아인 타렉(Tarek)과 세네갈 출신의 자이납(Zainab)은 연인 사이로 각각 클럽에서 아프리카 토속 악기인 북을 연주하고, 길거리에서 수공예 장식품을 팔며 하루하루 불안한 삶을 살아간다. 이들과의 뜻밖의 만남으로 월터의 단조로웠던 삶에는 적잖은 파문이 일어난다.

오갈 곳이 없는 그들에게 아파트를 함께 사용할 수 있도록 친절을 베푼 월터는 타렉으로부터 북을 연주하는 방법을 배우면서 모처럼 의미 있는 행위에 몰입하게 된다. 그러나 뉴욕 지하철역에서 경찰의 불심검문으로 타렉이 체포되고 미시간에 살고 있던 타렉의 어머니 모나 (Mouna)가 아들을 만나러 그의 아파트로 찾아오면서 월터는 9/11 테러공격 이후 이민자들에게 적대적인 미국 사회의 단면을 가까이에서 바라볼 기회를 갖게 된다.

불법체류자 구금 시설에 갇힌 타렉을 매일 면회하고 그가 미국에 정착할 수 있도록 이민 변호사를 알선하고 모나에게 거처를 제공하는 동안, 그는 대학에서 가르치는 원로 교수로서 전혀 자신과 상관없을 것 같았던 또 다른 이들의 세계로 조금씩 들어서며 그들과 아픔을 함께 나누게 된다. 남편이 반정부적인 글을 썼다는 이유로 투옥되었다가 결국 목숨을 잃고 마는 일을 겪었던 모나에게 미국은 조국 시리아에서 보장받을 수 없는 가족의 안전한 삶을 제공할 것 같았지만 정작 그들은 불법체류자의 신분으로 매일매일 불안한 삶을 이어갈 뿐이다. 아들이 선물로 보내준『오페라의 유령』CD를 거의 외울 정도라는 모나를 브로드웨이로 데려가 함께 공연을 직접 관람했던 것은 월터가 오랫동안 누려왔지만 그녀는 자유국가인 미국에 살면서도 맛보지 못했던 일상의 평온함을 누리게 해주고 싶었기 때문이다. 그러나 이들이 모처럼 공유할 수 있었던 행복은 타렉의 추방 소식에 일순간 무너지고 만다.

대학을 휴직하면서까지 모나를 돌보고 타렉의 석방에 전념했던 월터는 타렉의 추방 사실을 사무적인 목소리로 전하는 구금 시설 직원에게 마침내 분노를 터뜨리고 만다.

"당신들 그런 식으로 사람을 추방시켜서는 안되잖소. 듣고 있는 거요? 그는 착한 사람이요, 착한 사람이라고. 이건 공평하지 않아요. 우리는 무기력한 어린 아이가 아니잖아요. 그에게는 나름의 인생이 있었다고요. 듣고 있소?"

"You can't just take people away like that. Do you hear me? He was a good man, a good person. It's not fair! We are not just helpless children! He had a life! Do you hear me?"

월터의 분노 속에는 지루할 정도로 안정된 자신의 일상과는 대조적으로 인간이 누릴 수 있는 기본적인 행복조차 차단당한 모나 모자의 불안한 삶을 곁에서 목격한 그가 불법 이민자를 미국사회의 잠재적 적으로 간주하는 미국 이민 당국을 향한 불만이 담겨 있는 것이다. 결국 모나는 시리아로 추방된 아들을 찾으러 미국을 떠난다. 불법체류자의 신분이기에 다시는 미국으로 돌아올 수 없다는 것을 알면서도 그녀는 어머니로서의 길을 선택한 것이다. 모나를 전송하고 돌아온 월터는 타렉이 남기고 간 북을 들고 그가 경찰에게 체포됐던 지하철역으로 향한다. 승강장에서 그는 서투른 솜씨로 북을 연주한다. 그 어색한 북 소리에는 이방인에게 배타적인 미국 사회를 향한 분노와, 모나와 타렉에게 결국 아무런 도움이 되지 못한 자신을 향한 책망과, 시리아로 돌아간 그들의 안전을 비는 염원이 함께 담겨 있다고 볼 수 있다.

우리 영화『변호인』에서 주인공은 타인과의 만남과 인연을 계기로 평범한 세무 변호사에서 인권변호사로, 끝내 민주투사로 탈바꿈하는 인생의 일대 전환을 경험한다. 그 짜릿한 카타르시스에 익숙한 관객들에게 보다 격렬한 몸짓으로 불의에 맞서지 못하는 월터의 모습은 무기력하고 실망스럽게 비쳐질지도 모른다. 그러나 지하철 승강장에서 고개를 숙인 채 북 연주에 몰입하는 그의 모습이 오랫동안 잔상에 남는 이유는 그 서툰 북소리에 담긴 다양한 상징적 의미를 상상할 여지를 남기기 때문이다. 좋은 영화는 관객에게 늘 여운을 남기게 마련이다.

영화 『그랜 토리노』(*Gran Torino*)

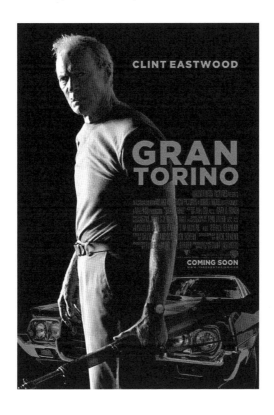

포드 자동차 회사에서 평생 일하다 은퇴하고 아내와 사별한 월트 코왈스키(클린트 이스트우드)는 아시아계 이민자들이 급격히 유입되면서 백인들이 떠난 동네를 굳건히 지키며 외롭게 살아간다. 폴란드계 백인이며 한국전 참전용사인 월트에게 동네에 넘쳐나는 동양인들은 그를 향해 달려들었던 적군을 상기시키는 불쾌한 존재들이다. 그가 이웃에 사는 몽족(Hmong) 이민자 가족에게 인종차별적 발언을 서슴없이 뱉어 내는 것도 바로 그 때문이다. 그러나 아이러니하게도 월트는 이들을 지키려다가 끝내 목숨을 잃는다.

이웃집 청년 타오는 몽족 갱단의 강요에 못 이겨 월트가 애지중지 간직해 온 1972년형 그랜 토리노를 훔치는 신고식을 치르다가 그에게 붙잡힐 뻔 한다. 이 사건으로 월트는 더욱 인종차별적 언사를 쏟아내지만 이질적인 몽족 문화와 처음으로 만날 기회를 갖는다. 모든 동양인을 "국"(gook)으로 비하해 부르던 그는 라오스와 태국의 고산지대에 살다가 베트남전에서 미군을 도왔다는 이유로 종전 후 학살의 위기를 견디고 간신히 미국으로 이주해온 몽족의 역사를 접하게 된다. 타오를 다시 조직에 끌어들이려 폭행하는 몽족 갱단을 총으로 위협해 쫓아내고, 길거리에서 흑인 불량배들에게 수모를 당하는 타오의 누이 수를 구해주면서 월트는 차츰 몽족의 문화 속으로 한걸음씩 내딛는다.

수와 타오를 구해준 답례로 월트의 집 문 앞에는 몽족 이민자들이 들고 온 음식과 화분들이 쌓이게 되고, 쓸쓸할 뻔했던 그의 생일날 수의 초대로 그들과 어울리면서 차츰 월트의 인종적 경계심은 허물어진다. 차를 훔치려던 타오가 일주일 동안 월트의 집안일을 도와줌으로써 그 죗값을 치르려하는 동안 그는 타오를, 약해빠진 몽족의 청년이 아닌 진정한 미국 남성으로 성장시키려 애쓴다. 아버지에 대한 애정과 존경심이라고는 털끝만큼도 없는 두 아들에게 크게 실망한 월트는 타오를 자신의 후계자로 삼아 그가 단순히 아시아계 이민자가 아닌 진정한 미국인으로 자립할 수 있도록 돕는다. 인종적 배경이 다른 두 사람 사이에 새로운 부자관계가 성립된 것이다.

갱단에 가담하기를 거부하는 타오를 폭행한 몽족 갱단 가운데 한 명을 흠씬 두들겨 패줌으로써 월트는 새로 얻은 아들을 보호하려한다. 그러나 그들이 타오의 집에 총질을 하고 수를 끌고 가 성폭행을 해 만신창이의 몸으로 돌려보내자 월트는 폭력을 폭력으로 응징하려했던 그의 행동이 결국 한층 가혹한 폭력을 불러들였음에 스스로를 책망하고, 다른 방식으로 그 악순환을 끊을 결심을 한다. 말쑥한 차림으로 성당을 찾아, 그가 평소에 삶과 죽음에 대해 전혀 모르면서 신도들에게 영생을 약속한다고 비아냥거렸던 젊은 신부를 찾아가, 아내가 그토록 애원했던 고해성사를 마친다.

힘을 합쳐 복수하자는 타오에게 "나는 이미 양손에 피를 묻혔어. 이미 더렵혀졌다고. 그래서 오늘 밤에는 나 혼자서 갈 거야"(I got blood in my hands. I'm soiled. That's why I'm going alone tonight.) 라고 말 한 뒤, 월트는 그를 지하실에 가둔 채 한 밤중에 갱단을 찾아간다. 한 바탕 소동에 놀란 이웃들이 겁먹고 창문 틈으로 지켜보는 가운데 권총을 품속에서 꺼내는 시늉을 하던 월트는 갱들의 총알 세례를 받고 눈을 감는다. 사실 무장을 하지 않았던 월트는 그들에게 폭력으로 맞서는 한 타오와 수와 같은 약자가 평화롭게 살 수 없다는 판단에서 폭력의 고리를 끊기 위해 순교자적 자기희생을 선택한 것이다. 오래전 한국전에서 겁에 질려 투항한 적군 소년병을 향해 방아쇠를 당겼던 자신을 스스로 용서하지 못했던 월트는 이렇게 평생 자신을 괴롭혔던 악몽에서 벗어나고 싶었는지도 모른다.

월트의 판단대로 결국 갱단은 무장하지 않은 시민을 살해했다는 죄로 경찰에게 체포되고 법의 심판으로 중형에 처하게 된다. 그의 희생으로 타오의 가족에게 마침내 평화가 찾아온다. 그의 유언장이 공개되면서 월트의 결정에 담긴 상징적 의미가 부각된다. 그는 집을 교회에 헌납하고 애지중지 지켜온 그랜 토리노를 타오에게 물려줌으로써 잔뜩 기대를 하고 지켜보던 두 아들을 실망시킨다. 생전에 월터가 타오에게 건축 일을 할 수 있도록 도와준 것에 덧붙여서 막강한 미국의 위상과 자긍심을 상징하는 명품 스포츠카를 타오에게 물려준 것은, 백인이 주축이 되어 일구어 온 미국 사회의 전통이 이제는 다양한 이민자의 유입과 함께 계승 발전되기를 바라는 그의 염원을 표현한 것인지도 모른다. 월트의 자기희생은 다인종 이민 사회의 갈등이 더 이상 폭력이 아닌 법과 제도로 해결되어야하며, 그 때 비로소 "다양성으로부터 하나"(one out of many)라는 이민국가 미국의 국가적 목표가 이룩될 수 있다는 메시지를 담고 있는 것이다.

영화 『이민자』(The Immigrant)

　영화 『이민자』(2013)는 보다 나은 삶을 꿈꾸며 폴란드에서 미국으로 이주한 여성 에바(마리옹 꼬띠아르)의 파란만장한 삶을 그린 작품으로서 이민자의 삶에 드리운 어두운 그림자를 생생하게 보여준다.

　1921년 천주교 신자인 에바와 마그다 자매는 내전으로 폐허가 된 고국 폴란드를 떠나 미국으로 건너온다. 뉴욕 엘리스 섬에서 입국 심사를 받은 결과 동생 마그다는 폐질환 때문에 격리되고 에바는 미국 내 거주할 주소가 분명하지 않고 오는 도중 선상에서의 불미스러운 소문으로 추방될 위기에 처한다. 하지만 유태인 브루노(호아킨 피닉스)가 에바의 유창한 영어 실력을 듣고 세관원을 매수하여 그녀를 자신의 집으로 데려온다. 에바가 돈을 벌어야 마그다가 풀려날 수 있다는 사실을 안 브루노는 그녀가 자신이 일하는 극장에서 춤을 추고 매춘을 하도록 알선한다. 그러면서 에바를 향한 브루노의 욕망은 커져 간다.

에바는 뉴욕에 거주하는 고모의 집을 찾아가지만 고모부는 미국으로 오는 배 안에서 그녀가 몸을 팔았다는 소문을 믿고 집안의 수치라며 그녀를 경찰에 신고한다. 에바는 다시 엘리스 섬으로 이송되어 추방 대상자로 감금된다. 엘리스 섬에 있는 동안 에바는 브루노의 사촌인 마술사 에밀(제레미 레너)의 공연을 우연히 보게 된다. 다음 날 브루노의 도움으로 섬에서 빠져나온 에바는 극장에서 에밀을 또 만나게 된다. 에밀은 에바에게 조수로 일해 줄 것을 권하지만 브루노는 에밀에게 질투심을 느껴 싸움이 벌어지고 결국 브루노는 해고되어 자기가 관리하는 여자들을 데리고 극장을 떠난다.

에밀은 에바를 찾아와 사랑을 고백하고 이 때문에 에밀과 브루노는 자주 다투고 급기야는 브루노가 경찰에 끌려가 구치소에 감금되는 일이 발생한다. 어느 날 에밀이 에바를 보기 위해 브루노의 집에 몰래 잠입한다. 에밀은 에바가 동생 마그다를 요양소에서 빼낼 수 있는 돈을 마련한 뒤 뉴욕을 떠나기로 약속한다. 얼마 지나지 않아 브루노가 돌아오고 질투심에 불타 브루노는 에밀을 칼로 찔러 살해하고 시체를 길에 버린다.

에바와 평소 사이가 좋지 않았던 매춘부 여성이 에밀이 에바의 칼에 찔려 죽었다고 신고하고 그녀를 숨겨주려던 브루노는 경찰에게 심하게 구타당하고는 가지고 있던 돈을 모두 빼앗긴다. 그 돈 가운데는 에바가 동생을 섬에서 빼내기 위해 모아 놓은 자금이 포함되어 있었는데, 충분한 돈이 모아졌다는 사실을 그녀가 알면 브루노를 떠날 것을 두려워한 나머지 밝히지 않았던 것이다. 이제 브루노는 마음이 바뀌어 돈이 있으면 무조건 에바와 여동생을 도와줄 것이라고 고백하고, 그녀는 고모를 찾아가 간절하게 부탁하여 마그다의 석방을 위한 돈을 얻어낸다. 브루노는 그 돈으로 엘리스 섬에 있는 지인을 통해 마그다를 석방시키는데 성공하고 자매에게 뉴저지 행 표를 건네준다. 에바와 마그다를 떠나보내며 브루노는 뉴욕에 남아 경찰에 에밀을 살해한 사실을 자백하기로 결심한다.

6. 미국의 대공황

　1920년대의 미국 경제는 급격하게 성장하며 국가의 부는 두 배로
증가하였다. 월가의 주식 시장에는 투기꾼들이 몰려들고 재산이 많
던 적던 대 다수의 사람들은 예금을 모두 주식으로 교환했다. 이 와
중에 1929년 주가가 폭락하고 주식시장 붕괴됨으로써 월가와 미국
의 금융 시장을 패닉 상태에 빠뜨리며 많은 투자자들은 파산하고 직장
인들을 일자리를 잃었다. 이렇게 시작된 경제 대공황(Great Depression)
이 1929년부터 1939년까지 지속되면서 미국 경제는 최악의 침체기
를 겪는다. 소비와 투자가 줄어들었고 생산이 극심하게 감소하여 기
업은 직원들을 대량으로 해고하였으며, 농부들은 농장을 떠날 수밖
에 없었다. 1933년에 이르러 1천 5백만 명의 미국인들이 실직 상태
에 놓이게 되고 전국의 은행의 반 이상이 문을 닫는다.

　국가의 극심한 경제적 침체기를 되살리지 못한 허버트 후버 대
통령은 1933년 대선에서 패배하고 프랭클린 D. 루즈벨트가 새로
운 대통령으로 당선된다. 최악의 미국 경제를 구출하기 위해 루즈
벨트는 취임 직후 100일 간 산업과 농산 생산을 안정화하고, 새로
운 일자리를 창출하는 등 경제회복을 법안을 통과시킨다. 그의 뉴
딜(New Deal) 정책 가운데 최우선 과제는 금융 시스템을 회복시키
는 일이었다.

　정부는 뱅크 홀리데이를 선언하며 다시 은행들이 원활하게 운영
될 수 있을 때까지 모든 은행이 문을 닫을 것을 지시한다. 루즈벨트
대통령은 예금자의 계좌에 안정성을 보장해주는 기구인 연방 예금
보험 회사(FDIC), 주식 시장 규제를 위한 증권 거래 위원회 (SEC)

등 다양한 기구를 설립하여 경제를 복구하려 노력했다. 또한 일자리 창출을 위해 테네시 강 유역 개발 공사(TVA)와 공공 산업 진흥국 (WPA) 등 다양한 기구를 설립하였다.

프랭클린 루즈벨트 대통령

의회는 농업조정법을 의결하여 농부가 자발적으로 감축한 생산량 부분을 정부가 보상해줌으로써 농산물 가격을 끌어올리는 조치를 시행하였다. 그 결과 1932년부터 1935년 사이에 농가 소득이 50 퍼센트 이상 증가하였지만, 1935년부터 1939년 사이에 거센 모래 폭풍이 불어 이른바 "황진 지대"(Dust Bowl)로 불리는 남부 대평원 지역이 초토화됨으로써 아칸소, 텍사스, 미주리, 오클라호마 주 등지에서 약 80만 명에 달하는 농부들이 농장을 떠날 수밖에 없는 처지가 되었다. 이 가운데 20만 명 이상이 새로운 기회를 찾아 캘리포니아 주로 몰려들었다.

농가를 뒤 덮는 먼지 폭풍

루즈벨트 대통령 정부의 적극적인 개입으로 빈사 상태에 빠졌던 미국의 경제는 차츰 활력을 되찾기 시작했고 1939년 유럽에서 2차 세계대전이 발발하자 군수산업이 호황을 맞이하면서 미국은 대공황으로부터 탈출할 수 있었다.

영화 『우리에게 내일은 없다』(*Bonnie and Clyde*)

영화 『우리에게 내일은 없다』(1967)는 1930년대 미국 대공황 기를 배경으로 당시에 실존했던 두 명의 혼성 무장 강도 클라이드 배로우(Warren Beatty)와 보니 파커(Faye Dunaway)의 행각을 소재로 한 작품이다. 지금까지의 영화적 금기를 깨고 과격한 폭력과 노골적인 성적인 영상을 담아낸 아더 펜(Arthur Penn) 감독은 이 충격적인 작품을 통해 당시 미국 사회의 모습이 사실적으로 그려 보인다.

미국의 대공황 시절, 감옥에서 출옥한 클라이드 배로우는 우연히 보니 파커의 어머니의 자동차를 훔치다가 그녀를 만나게 된다. 식당 종업원으로의 삶을 지루하게 여겼던 보니는 클라이드와 함께 강도 행각의 공범자가 되기로 결심한다. 몇 개의 소소한 범죄에는 성공을 거두지만 보니와 클라이드는 강도 행위로 아직 큰 수익을 얻지는 못한다.

보니 파커와 클라이드 배로우

주유소 직원 C. W. 모스와 클라이드의 형 벅과 목사의 딸인 그의 부인 블랑슈가 조직에 들어온 뒤 범죄는 더욱 대담해진다. 그러나 보니와 블랑슈는 처음부터 서로를 경계하고 갈등과 불화를 키워간다. 보니와 클라이드는 은행 강도까지 하며 범죄의 규모가 커지고 다른 조직원들도 더욱 잔인해져간다. 은행을 털기 위해 보니와 클라이드가 들어간 사이 C. W.가 도주차량을 평행주차 시키고 기다리는 바람에 도주가 늦어지고 클라이드는 따라오는 은행 지점장을 총으로 쏴 죽이면서 첫 번째 살인을 저지른다.

이들은 텍사스 레인저 프랭크 해머를 포함한 경찰들로부터 추적을 당하기 시작하고 이후 방심한 상태에서 경찰의 기습을 받는다. 이 과정에서 벅은 머리에 치명적인 총상을 입게 되고 나머지 네 명은 간신히 도망치지만 블랑슈는 경찰에 붙잡힌다. 이들에게 수모를 당하고 복수심에 불타는 프랭크 해머는 블랑슈에게서 C. W.의 본명을 밝혀낸다.

해머는 C. W.의 아버지 이반 모스 집에 숨어있는 나머지 3명의 위치를 찾아낸다. C. W.의 아버지는 이들이 자신의 아들을 망쳐놓았다고 주장하며 해머와 협상을 벌인다. 그는 아들이 무죄로 풀려나는 것을 대가로 해머와 이들을 함정에 빠트릴 계획을 세운다. 보니와 클라이드가 길가에 세워진 이반 모스의 차량 바퀴를 수리하려 도와주는 순간, 숨어 있던 경찰이 두 사람을 향해 무자비하게 총을 발사하고 그들은 짧은 생을 마감한다.

이 영화에는 1930년대 미국 공황기의 단면들이 드러난다. 돈을 털기 위해 들어선 은행은 이미 파산하여 현금이 한 푼도 남아 있지 않은 장면과, 클라이드가 넘겨준 권총으로 은행에 차압당한 자신의 집을 향해 총을 발사함으로써 분풀이를 하는 가난한 농부의 모습은 대공황의 한 단면을 보여준다.

영화 『분노의 포도』(*The Grapes of Wrath*)

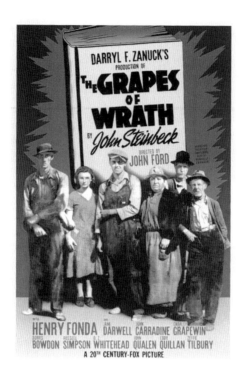

영화 『분노의 포도』(1940)는 뉴욕 타임스 기자이자 작가였던 존 스타인벡(John Steinbeck)의 소설을 바탕으로 만든 작품이다. 1930년대 미국의 경제 대공황 당시 은행에게 땅을 빼앗겨 오클라호마 주에서 캘리포니아 주로 이주해야 했던 조드(Joad) 일가의 삶을 다루었다.

감옥에서 석방되어 히치하이킹으로 오클라호마 주의 부모님 농장으로 돌아가던 톰 조드(Henry Fonda)는 과거에 전도사였지만 지금은 떠돌이가 된 짐 케이시를 길가 나무 밑에서 발견한다. 톰을 세례

한 적이 있는 케이시는 이제 영혼과 믿음을 잃었다고 고백한다. 찾아간 부모님의 농장은 폐허가 되었고 톰은 그곳에 숨어 있는 이웃 그레이브스를 만난다. 트랙터로 자기 집을 철거당한 그는 이 지역의 모든 소작농들이 지주들에게 강제 퇴출되었다는 사실을 알려준다. 다음 날 톰을 포함하여 12명의 조드 가 일행은 고물차나 다름없는 1926년 허드슨 "슈퍼 식스" 세단에 모든 짐을 싣고 한 가닥 희망을 품은 채 캘리포니아를 향해 길을 나선다.

66번 도로를 타고 캘리포니아로 향하는 고된 여정에서 조드 가는 슬픔을 겪는다. 가는 도중 할아버지가 사망하자 톰은 살인의 의혹이 없도록 사망의 원인과 경위를 성경에 작성해 시신과 함께 묻는다. 캘리포니아의 한 캠프로부터 돌아오던 한 남성은 희망을 잃지 않는 조드 가족의 긍정적인 태도를 비웃으며 서부에서 겪은 험난했던 경험을 들려준다.

조드 가족은 단기 체류하는 노동자들을 위한 캠프에 도착하지만 그곳에서 일자리 없이 굶주리고 초췌한 이주자들을 발견한다. 이들을 피해 조심스럽게 차를 몰면서 톰은 기대와는 달리 전혀 번성한 것 같지 않은 인근의 모습을 목격한다.

"선동가"로 불리는 사람과 마찰을 겪은 뒤 서둘러 이곳을 떠난 조드 가족은 킨 랜치라는 또 다른 캠프에 도착한다. 그들은 인근의 유일한 가게 한 곳에서 육류를 포함한 식료품들이 비싼 것에 놀란다. 노동자 몇 명이 무리를 지어 파업 시위하는 것을 보고 이곳의 사정을 더 알고 싶어 하던 톰은 어두운 숲 속에서 이들의 비밀 회동에 참여한다. 그러나 회의하던 그들의 모습이 발각되어 케이시는 캠프의 경비원에게 죽임을 당하고 케이시를 보호하려던 톰은 우발적으로 그 경비원을 살해한다.

격투 중에 톰은 얼굴에 큰 상처를 입고 캠프의 다른 경비원들에게 쫓기는 신세가 된다. 그 날 밤 조드 가족은 경비원들이 살인자를 찾으러 이들을 찾아왔을 때 톰을 트럭의 침대 밑에 숨긴다. 톰을 숨긴 채 캠프를 떠난 조드 가족의 차는 팬 벨트가 고장 나 엔진 과열로 언덕 위에서 시동이 꺼진다. 기름도 없는 차를 언덕 밑으로 천천히 움직이던 중 그들은 또 다른 캠프에서 불빛을 발견한다. 그들이 세 번 째로 찾아 간 이 깨끗한 캠프는 농무부가 운영하는 곳으로 조드 가의 아이들이 한 번도 본적 없는 수세식 화장실과 샤워 시설을 갖춘 곳이었다.

톰은 이전의 캠프와의 다른 이곳의 모습을 보고 사회 개혁을 향한 열망에 사로잡힌다. 추적자들이 자신을 찾아 나선 것을 알게 된 톰은 어머니 마 조드에게 다음과 말하고 캠프를 떠난다.

"어두운 곳에 있을 것입니다. 어디든지 있을 겁니다. 어디를 보던, 싸움이 일어나는 곳이 어디이든 사람들이 먹고 살 수 있도록 저는 그곳에 있을 겁니다. 경찰이 누군가를 구타하고 있어도, 저는 그곳에 있을 겁니다. 사람들이 화가 났을 때 나는 그곳에 있을 겁니다. 아이들이 웃고 배고프고 저녁이 준비되어 있을 때도 있을 것입니다. 또 한 사람들이 직접 기르고 재배한 음식물을 먹고 직접 지은 집에 살고 있을 때, 그곳에도 제가 있을 겁니다."

"I'll be all around in the dark. I'll be everywhere. Wherever you can look, wherever there's a fight, so hungry people can eat, I'll be there. Wherever there's a cop beatin' up a guy, I'll be there. I'll be in the way guys yell when they're mad. I'll be in the way kids laugh when they're hungry and they know supper's ready, and when the people are eatin' the stuff they raise and livin' in the houses they build, I'll be there, too."

영화는 가족에 대한 사랑과 끈질긴 생명력을 간직하고 불굴의 의지로 고난을 견뎌온 어머니 마 조드의 감동적인 말을 끝으로 막을 내린다.

"더 이상 두려워하지 않을 거야. 잠깐 동안 그랬었지만. 오랫동안 우리는 완전히 패배한 것처럼 보였어. 세상에는 적밖에 없는 것 같았어. 아무도 친절하지 않았지. 나 또한 무서웠고 우리는 완전히 세상에 버려지고 그 누구도 신경 쓰는 것 같지 않았어... 부자들은 새로 태어나고 죽고, 그 아이들은 고약해져 결국은 죽지만, 우리는 계속 태어나지. 우리가 바로 살아있는 사람들이거든. 그들은 우리를 없애지 못해. 우리는 계속 살아갈 거야. 왜냐하면 우리는 인간이니까."

"I ain't never gonna be scared no more. I was, though. For a while it looked as though we was beat. Good and beat. Looked like we didn't have nobody in the whole wide world but enemies. Like nobody was friendly no more. Made me feel kinda bad and scared too, like we was lost and nobody cared.... Rich fellas come up and they die, and their kids ain't no good and they die out, but we keep a-coming. We're the people that live. They can't wipe us out, they can't lick us. We'll go on forever, Pa, cos we're the people."

7. 냉전 시대의 미국

　제2차 세계대전 중 미국과 소련은 나치 독일에 맞서 싸우는 연합국으로 전쟁을 치렀지만 미국은 종전 이후 조셉 스탈린과 소련의 공산주의 확장을 우려하였다. 실제로 공산주의 사상은 동유럽 전역에 확산되었고 많은 미국인들은 소련이 전 세계를 점령할 가능성을 두려워했다. 1945년 당선된 해리 트루먼 대통령은 소련의 위협으로부터의 최고의 방어 전략은 봉쇄 정책(containment)이라고 여겼다. 이 봉쇄 정책을 위해 미국은 전례 없는 군비 증강에 나선다. 미국의 국방비 지출이 증가하였고 핵무기와 수소 폭탄 등 신형 무기 개발에 큰 중점을 두었다. 그러나 이에 맞선 소련도 핵무기를 개발하며 미국에 대응하였고 두 나라 사이의 군비 경쟁이 지속되었다. 1950년대에 핵전쟁의 위협이 지속되며 양 국 간의 갈등은 점점 고조되었다. 또 한 우주 산업에도 미국과 소련은 경쟁 상대가 되었다. 1957년 소련이 먼저 우주로 스푸트니크 1호 인공위성을 쏘아 올린 것에 자극을 받은 미국은 NASA를 설립하여 우주 산업 개발에 박차를 가하였고 마침내 1969년에 아폴로 11호가 달 착륙에 성공하면서 우주 경쟁에서 우위에 서게 된다.

　냉전 시대에 미국에서는 하원 비미 활동 조사 위원회(HUAC)가 설치되어 공산주의자를 비롯한 반미 활동자들을 색출하기 위한 적극적인 활동이 전개된다. "적색 공포"(Red scare)에서 유발된 공산주의자 색출 작업으로 많은 사람들은 생업을 제한당하고 언론은 몸을 사리고 대학이 침묵하면서 미국 사회는 차츰 보수화의 경로를 밟는다.

냉전은 국제 정세에도 영향을 미쳤다. 1950년 6월 남한을 공산화하려는 북한의 남침으로 전쟁이 일어나고 미국은 공산주의의 확산을 막으려는 봉쇄 정책의 일환으로 한국전쟁에 참전한다. 동서의 긴장이 고조되는 가운데 존 F. 케네디 대통령 정부는 1961년 공산화된 쿠바의 피그스 만 침공에 실패한다. 1962년 소련이 쿠바에 미사일을 배치하였을 때 케네디 정부의 강경한 대응으로 결국 미사일이 철수되기까지 두 나라는 제 3차 세계대전의 일보 직전까지 도달한다. 또한 1960년 대 중반 베트남 전쟁이 발발하고 공산주의 확산이 점점 현실화되는 상황에서 이를 저지하려던 미국이 대규모의 병력을 투입하지만 1973년 철군하고 결국 베트남은 공산화되고 만다.

1980년대 레이건 행정부의 강력한 반공 전략이 전개되고 소련의 공산주의 체제는 점차 약화되기 시작된다. 소련 공산당 서기장 고르바초프가 정치적 개방을 뜻하는 "글라스노스트"와 경제 개혁을 뜻하는 "페레스트로이카" 정책을 실시하면서 동구 유럽에 대한 지배력을 점차 잃어가고, 결정적으로 1989년 베를린 장벽의 붕괴로 동독과 서독이 통일을 하면서 공산주의 실험은 실패를 맞게 된다.결국 1991년 고르바초프는 서기장에서 사임하고 소련은 공식적으로 해체된다.

매카시즘(McCarthysm)

1940년 후반과 1950년 초반, 미국 내외에 공산주의 확산과 전복에 대한 불안이 고조되었다. 우려가 깊었던 만큼 공산주의에 대한 공포가 이 시대의 정치적인 문화가 되었다. 미국 내에서도 공산주의에 대한 두려움으로 인한 "적색 공포"의 여파로 반공 운동이 전개되었다. 프락치 및 반미 활동자들을 색출하기 위한 하원 비미 활동 조사 위원회 설립으로 대학 교수를 비롯한 지식인, 정부를 위해 일하는 공직자, 영화인를 포함한 예술가 등 많은 사람들이 증언대에 서고 직장에서 쫓겨 나면서 생업을 제한당하는 고난을 겪는다.

"적색 공포"의 주도자인 위스콘신 주의 상원 의원 조셉 매카시(Joseph McCarthy)는 공산주의자와 미국 정부의 충성심이 없는 자들을 찾아내기 위한 노력을 무려 5년간 지속했다. 냉전의 분위기 속에서 국가에 대한 충성심이 부족하다는 이유만으로 의혹의 눈길이 던져졌다. 극단적인 반공주의 열풍을 몰고 온 소위 "매카시즘"으로 조금이라도 의심을 살만한 사람은 공산주의자로 몰아 처벌되는 결과가 발생했으며 미국 국민들은 정부에 배신자와 간첩이 존재하고 있다는 사실을 믿을 수밖에 없었다. 결국 매카시의 지나치게 공격적이고 위협적인 고발과 언행은 그의 추락에 큰 역할을 한다.

그의 공격적 발언은 갈수록 심해져서 마침내 드와이트 아이젠하워 대통령, 공화당과 민주당 양당 지도부, 육군 장군들까지도 공산주의자라고 비난하기에 이르렀으나, 1954년 국회 청문회에서 그의 주장은 근거 없는 발언으로 판명되었다. 청문회 당시 육군 측 변호사들은 그를 집요하게 추궁했는데, 이에 대해 매카시는 흥분하며 비난하는 모습을 보였고 당시 이 모습을 36일간의 텔레비전 생중계로 본 미국 국민들은 더 이상 매카시의 주장에 귀 기울이지 않았다. 1954년 12월 상원은 그에 대한 비난 결의안을 의제로 올려, 67대 22로 가결 시켰다.

이후 상원에서 그의 영향력은 크게 줄어들게 되었고, 매카시는 미치광이 혹은 간신모리배 등에 비유되었다. 이에 크게 상심한 그는 이전부터 앓아오던 두통과 조증을 해소하고자 더욱 술에 의존하게 되면서 알코올 중독의 나락에 빠지게 된다. 상원의원의 직위는 유지했으나, 거의 활동은 할 수 없었고, 공화당으로부터도 외면당한 채 건강을 잃어 1957년 48세의 나이로 세상을 떠났다.

조셉 메기시 상원의원

영화 『비공개』 (*Guilty by Suspicion*)

영화 『비공개』(1991)는 매카시즘과 HUAC으로 대표되는 1950년대의 미국을 배경으로 할리우드 블랙리스트를 다룬 작품이다.

할리우드에서 명성을 얻고 있는 중견 영화감독인 데이비드는 프랑스에서 두 달 간의 휴식을 마치고 미국으로 돌아온다. 그날 밤 그의 집에서는 그의 미국 귀환을 축하하기 위해 많은 사람들이 모여 파티를 벌인다. 그러던 중 데이비드는 친구 부부인 래리와 도로시가 부부싸움 하는 것을 목격한다. 데이비드는 취한 도로시를 데려다주기 위해 그녀의 집으로 갔고 마당에서 책을 태우고 있는 래리를 보게 된다. 당시 미국 정계는 "하원 비미활동 위원회"라는 조직을 통해 공산주의자를 색출해내고 있었으며 영화 관계자들이 밀고 되거나 추방당하는 중이었다. 영화감독인 래리 또한 위원회에 불려가게 되었고 자신이 과거에 공산당원이었던 것을 자백하고 그 당시 같이 활동했던 친구들의 이름을 밀고했던 것이다. 그 일로 래리는 배우로 활동하던 아내 도로시와 다투고 집에 돌아와 의심을 살만한 책들을 다 태우고 있었던 것이다.

이 일을 통해 상황이 심상치 않음을 알게 된 데이비드는 다음 날 영화 제작자 자누크를 만난다. 실력 있는 감독인 데이비드를 인정해주고 열렬히 지지해주었던 영화제작자 자누크는 그에게 변호사 명함을 주며 영화 제작 전에 변호사를 만나고 오라고 권한다. 그는 내키지 않지만 어쩔 수 없이 변호사를 만나러 갔고 그 곳에서 위원회의 조사를 받게 된다. 사상의 자유가 보장되었던 12년 전, 두 세 번 공산당 집회에 참가했던 데이비드는 공산당원으로 지목되어 있었고, 다른 사람의 입당 사실을 증언하면 사면 받을 수 있다는 말을 듣는다. 데이비드는 함께 일했던 자신의 친구와 동료들을 밀고해야하는 위원회의 비양심적인 방법을 단호히 거부한다. 그 대가로 데이비드는 이미 계획된 영화 촬영이 취소되고 선불로 받았던 돈까지 환불할 것을 요구받는다. 이 일을 시작으로 데이비드에게 가해지는 탄압은 날로 심해진다. 친한 사람들에게 전화를 걸어 일을 찾아보아도 그를 써주는 곳은 없었고 경제적으로 힘들어져 그의 전처와 아들은 작은 집으로 이사를 하기에 이르고, 뉴욕으로 가서 힘들게 얻은 소형 필름 수리점에서의 소소한 일자리마저 FBI의 훼방으로 그만두고 만다.

그 후 가족이 있는 LA로 돌아와 어렵사리 얻은 임시감독의 자리에서도 부당하게 해고되어 정신적, 육체적으로 한계를 느낀 데이비드는 결국 변호사를 찾아간다. 이렇게 까지 버티는 것이 그만한 가치가 있냐며 현실과 타협하라는 변호사의 권유에도 불구하고 자기의 결심을 바꿀 수 없었던 그에게 영화제작자 자누크가 새로운 영화제작을 제시하자 대본을 받아들고서 평생을 바쳐 하고 싶었던 영화에 대한 갈증으로 그의 결심이 흔들리기 시작한다.

마침내 그는 소환장을 받고 법정에 들어서 증언을 한다. 그러나 위원회 의원들이 태도에 환멸을 느낀 그는 동료에 대한 증언을 거부하고 자신의 굳은 신념을 고수한다. 결국 데이비드는 그로 인해 법정 모독죄로 실형을 선고 받고 생업을 잃게 된다. 그로부터 20년이 지나서야 그를 비롯해 할리우드 블랙리스트에 올랐던 사람들에 대한 복권이 이루어진다.

영화 『스파이 브릿지』(*Bridge of Spies*)

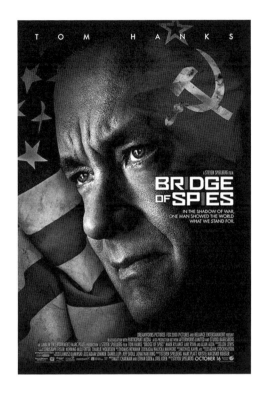

『스파이 브릿지』(2015)는 동서냉전 시대에 미국에서 체포된 소련 스파이 루돌프 아벨과 소련 상공에서 격추된 U2 정찰기 조종사 개리 파워스 중위를 맞교환하는 과정에 깊숙이 개입하게 된 변호사 제임스 도노반(Tom Hanks)의 활약상을 담아낸 스티븐 스필버그 제작의 영화이다.

1957년 뉴욕, 루돌프 아벨은 간첩 행위 혐의로 체포되어 기소된다. 뜻밖에 아벨을 변호할 임무를 맡은 보험 전문 변호사 제임스 B. 도노반은 피고인을 위해 적극적인 변호가 필요하다는 신념을 가지고 변호인과 피고인 사이의 비밀 유지 의무를 위반할 것을 유도하는 CIA의 압력에 굴복하지 않고 아벨을 위한 변호에 최선을 다 한다. 아벨은 유죄 판결을 받지만, 도노반은 자신의 조국에 충실히 봉사한 아벨을 사형에 처하지 않으면 장차 소련에 체포된 미국 측 죄수와 맞교환하는 데 유용할 것이라며 판사를 설득한다. 그 결과 아벨은 30년 징역을 받게 되고 도노반은 아벨의 암호와 사진 촬영 장치에 대한 수색 영장이 없었다는 이유를 들어 대법원에 항소하지만 판결은 유지된다. 그러나 소련 간첩을 변호했다는 이유로 도노반은 지탄의 대상이 되고 자신의 집에 총알이 날라 드는 곤욕을 치른다.

한편 1960년 CIA의 일급비밀 U-2 정찰기 프로그램에 조종사로 참여한 개리 파워스 중위는 정찰 임무 수행 중 소련 상공에서 격추당한다. 그는 체포되어 여론 조작용 재판으로 3년 징역형을 포함한 10년의 감금형을 선고 받는다.

도노반은 동독에서 아벨의 부인으로 추정된 사람이 보내온 편지를 받게 되는데 그 속에는 도노반에게 감사를 표하며 자신의 변호사 보겔과 긴급하게 연락을 취할 것을 요청하는 내용이 담겨 있었다. 이것이 파워스와 아벨의 교환을 요구하는 소련의 메시지일 것이라 추정한 CIA는 도노반에게 베를린에 가서 교환을 협상해줄 것을 비공식적으로 요청한다.

도노반은 베를린에서 소련 대사관 관리로 신분을 위장한 KGB 간부를 통해 동독 법무장관의 대리인 보겔을 만나게 된다. 동독은 아벨을 동베를린에서 체포된 미국인 대학원 학생 프라이어와 교환할 것을 요구하며 이 과정을 통해 동독이 미국으로부터 공식적인 인정을 받기를 원한다.

CIA는 도노반에게 프라이어 석방 협상을 무시하라고 지시하지만 도노반은 프라이어와 파워스 중위 두 사람을 아벨과 교환해야 한다고 주장한다. 프라이어와 파워스를 둘 다 풀어주지 않으면 협상이 아예 없을 것이라는 도노반의 강력한 요구를 동독과 소련은 받아들이고 프라이어가 풀려났다는 사실이 확인된 다음 마침내 글리니케 교의 각각 반대쪽 끝에 대기하던 아벨과 파워스의 교환이 이루어진다. 파워스를 동반하고 귀국한 도노반은 언론으로부터 영웅 대접을 받는다. 영화의 엔딩 크레딧에서 도노반은 피그스 만 침공의 실패로 쿠바에 억류된 미국 측 포로들을 성공적으로 석방시키는 협상에도 참여했다는 사실이 알려진다.

공산주의에 대한 혐오와 공포가 팽배하던 냉전 시대의 미국에서 소련 간첩을 적극적으로 변호한 도노반의 용기 있는 행동은 관객들에게 감동을 준다. 특히 대법원 법정에서 판사에게 아무리 적국의 간첩이라도 정당한 절차를 거쳐 재판이 이루어져야 할 것을 주장하며, 그것이 공산주의 소련에 대한 미국의 체제의 우월성을 입증하는 것임을 설득하는 다음의 대사는 음미할만한 가치가 있다.

> "재판장님, '냉전'이란 그저 말에 불과하지 않습니다. 비유적인 표현도 아닙니다. 세계를 바라보는 두 개의 관점들 사이에 전투가 벌어지고 있는 것이 사실입니다. 루돌프 이바노비치 아벨, 그를 검거한 요원들이 '아벨 대령'으로 부르는 사람은 그 전투에서 우리의 적입니다. 피고는 우리 정부가 그를 그렇게 대우하는 것이 더 이상 적절하지 않는 순간까지 전쟁 포로의 처우를 받았습니다. 따라서 그는 미국인들처럼 법의 보호를 받지 못했습니다. 적으로 혐의를 받는 사람에게는 적절할지 모르지만 범죄 혐의자에게 적절하지 않은 처사였습니다. 저는 피고를 압니다. 간첩혐의가 사실이라면 그는 자신의 정부에 충성했던 것이고 적국의 군인이라면 그는 훌륭한 군인입니다. 목숨을 부지하

려고 전장에서 도망치지 않았고 자신을 생포한 국가에 협력하길 거부함으로써 스스로의 신념을 지켰으며 겁장이의 길을 택하기를 거부한 것입니다. 겁쟁이는 전장에서 도망치기 전에 자신의 위엄을 포기하여야 하지만 루돌프 아벨은 그런 짓을 하지 않을 것입니다. 그렇다면 우리는 그런 그에게, 우리의 제도를 정의하는 권리를 그에게 전적으로 제공함으로써 우리가 누구인지를 보여줘야 하지 않을까요? 바로 그것이 이 냉전시대에 우리가 보유한 가장 강력한 무기가 아니겠습니까? 우리는 그가 자신의 신념을 지킨 것보다 덜 단호하게 우리의 신념을 지킬 것입니까?"

"Mr. Chief Justice, and may it please the court. "The Cold War" isn't just a phrase, Your Honors. It's not just a figure of speech. Truly a battle is being fought, between two competing views of the world. I contend that Rudolf Ivanovich Abel -- Colonel Abel as he was called even by the men who arrested him – is our foe in that battle. He was treated as a combatant in that war until it no longer suited our government to so treat him. Accordingly he was not given the protections we give our own citizens. He was subjected to treatment that, however appropriate to a suspected enemy, was not appropriate to a suspected criminal. I know this man. If the charge is true, he serves a foreign power -- but he serves it faithfully. If he is a soldier in the opposing army -- he is a good soldier. He has not fled the battle to save himself; he has refused to serve his captor, he refused to betray his cause, he has refused to take the coward's way out. The coward must abandon his dignity before he abandons the field of battle. That, Rudolf Abel will never do. Shouldn't we, by giving him the full benefit of the rights that define our system of governance, show this man who we are? Who we are: is that not the greatest weapon we have in this Cold War? Will we stand by our cause less resolutely than he stands by his?"

8. 미국의 시민권 운동

1960년대 흑인 민권 운동이 본격화되기 이전에 이 운동의 중요한 이정표를 기록하는 사건들이 존재한다. 1947년 프로야구 선수 재키 로빈슨(Jackie Robinson)이 인종적 금지선을 넘어 흑인으로서는 최초로 브룩클린 다저스의 유니폼을 입게 된다. 그 결과 흑인 리그에 서밖에는 활약할 수 없었던 선수들에게 메이저 리그의 문이 열리기 시작한다.

재키 로빈슨

분리는 하되 평등하게 대우한다는 취지의 1896년 사법부 결정으로 인종 차별이 제도적으로 합법화되었던 남부사회에 변화의 물결을 몰고 온 또 다른 사건은 1954년 캔자스 주에서 브라운 대 교육위원회(Brown vs. Board of Education) 사이의 소송 사건이다. 소송의 결과 "separate but equal"의 판례가 뒤집어 지면서 공립학교에서 명목상의 평등한 분리 원칙이 깨지게 된다.

시민권 운동의 또 다른 이정표를 이루는 사건은 1955년 앨라배마 주 몽고메리 시에서 벌어진 버스 보이코트 사건이다. 재봉사이던 42세의 흑인 여성 로자 파크스(Rosa Parks)는 관습에 따라 백인 승객들만 앉을 수 있었던 버스의 앞좌석을 차지하고 자리를 옮기라는 버스 기사의 지시를 거부한다. 이 일로 그녀는 체포되었지만 이에 항의하는 흑인들은 버스 승차 거부 운동을 벌인다. 이 저항운동에 동참하면서 당시 젊은 침례교 목사였던 마틴 루터 킹 주니어(Martin Luther King, JR)는 민권 운동의 지도자로 떠오른다.

마틴 루터 킹 주니어 목사

평등을 주장하는 흑인 민권 운동은 1960년대 중반에 정점에 다다른다. 1960년 흑백 분리 시설이 설치된 노스캐롤라이나 주의 한 간이 식당에서 흑인 대학생들이 연좌시위를 벌였고, 흑인과 백인이 버스에 동승한 자유 여행단(Freedom Riders)이 남부 주들로 가 흑백 분리 시설이 설치된 곳에서 대치를 하며 언론의 주목을 끌기 시작하면서 변화의 분위기가 마련된다.

1963년 20만 명의 군중들이 인종적 평등 요구하며 워싱턴 DC에서 대규모 집회를 벌이고 이곳에서 마틴 루터 킹 목사는 "나에게는 언젠가 조지아 주의 붉은 언덕에서 노예의 후손들과 노예 소유주의 후손들이 형제애 가득한 식탁에 함께 앉는 날이 올 수 있으리라는 꿈이 있습니다."라며 감동적인 연설을 한다.

암살당한 케네디 대통령에 뒤 이어 대통령으로 당선된 존슨 대통령은 민권 운동에 헌신적인 노력을 벌인다. 그는 대통령으로서의 모든 권한을 동원하여 의회를 설득하였고 마침내 1964년 민권법안이 의결된다. 이 법으로 공공장소에서 흑백 차별이 불법으로 규정되었고, 그 다음 해 투표권법이 통과되면서 남부의 오지에서도 40만 명의 흑인들이 선거인으로 등록하였으며 1968년에는 그 수가 백만 명을 넘어서게 된다. 또한 1968년에 주택에서의 차별과 구분을 금지하는 법안이 의회를 통과하면서 흑인의 시민권을 보장하기 위한 중요한 법들이 마련되었다.

영화 『말콤 X』(Malcolm X)

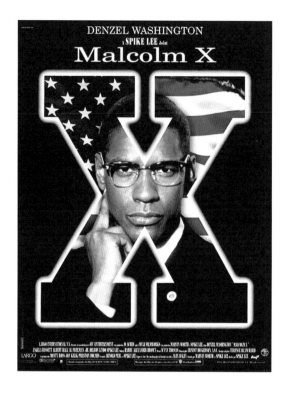

　영화 『말콤 X』(1992)는 1960년대 미국 흑인 민권 운동을 이끈 흑인 지도자 가운데 한 사람인 말콤 X의 생애를 다룬 작품으로서 스파이크 리가 감독하고 출연한 작품이다. 말콤 X는 온건 평화주의자 마틴 루터 킹 목사와 달리 흑인들만의 고유한 문화와 전통을 강조하였고 필요할 경우 폭력 사용의 정당성을 주장하는 과격성으로 백인 사회에 위협적인 인물로 비쳐졌다.

　말콤 X(Denzel Washington)는 설교사였던 아버지가 백인 우월주의자 단체인 블랙 리젼(Black Legion)에게 살해당하고 어머니는 정신 이상자로 감금당하면서 불우한 어린 시절을 보낸다. 말콤은 열차의 짐꾼으로 일하며 자기 자신을 디트로이트 레드(Detroit Red)라 부른다. 할렘 갱의 일원인 웨스 인디언 아치의 조직에 가담했다가 그와 문제가 발생하면서 말콤은 보스턴으로 도망쳐 강도 행각을 벌인다. 절친인 쇼티(Spike Lee)와 경찰에 체포당한 뒤 말콤은 10년 징역형을 선고 받고 교도소에 수감 중, 그곳에서 수감자인 베인즈를 만나 이슬람교의 교리를 배우게 된다.

말콤은 엘리자 무하마드의 제자가 되어 이슬람 교도로 개종한 뒤 흑인 종교단체 "이슬람 국가"(Nation of Islam)의 열성적인 전도사로 활동하면서 이름을 말콤 X로 바꾸고 베티 샤바스와 결혼한다. 그는 미국에서 흑인들이 백인 사회로부터 완전한 분리할 것을 주장한다. 그러나 말콤의 영향력이 커져가는 것에 위기감을 느낀 베인즈는 무하마드에게 그를 견제할 것을 건의하고, 말콤에게 90일간의 침묵과 강연, 연설을 중지할 것과 이슬람의 교단을 떠날 것을 요구하게 된다.

이슬람 성지 메카 순례를 다녀온 말콤은 자신의 신념이 극단적인 것을 깨닫는다. 전 세계의 무슬림들 속에는 백인도 포함되어 있다는 사실을 인식했기 때문이다. 그 이후로 말콤 X는 "이슬람 국가"의 엄격한 교리에서 벗어나고자 노력했지만 결국 반발을 불러일으키며 1965년 2월 21일 뉴욕시에서 암살당한다.

오늘날 미국과 아프리카의 흑인 아이들은 자신을 "말콤 X"라 부르는데 그 가운데에는 남아프리카 공화국의 반 인종격리 운동가 넬슨 만델라도 포함된다. 훗날 남아프리카 공화국 대통령으로 당선된 넬슨 만델라는 종종 말콤 X의 연설 문구를 인용한다. 영화의 마지막 장면은 1990년 만델라의 석방과 남아프리카 공화국의 아파르트헤이트(인종 격리정책)의 종말을 보여준다.

영화 『헬프』(*The Help*)

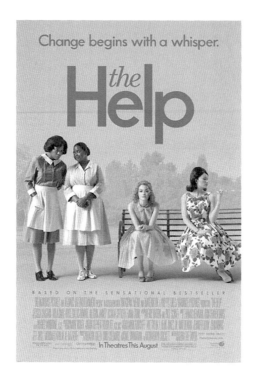

    가정부 또는 가사 도우미의 뜻을 지닌 『헬프』(2011)는 캐스린 스타킷(Kathryn Stockett)의 동명의 소설을 바탕으로 제작된 영화로서, 흑인 시민권 운동이 활발하게 진행되는 1963년, 미시시피 주 잭슨을 배경으로 저널리스트가 되기를 꿈꾸는 젊은 백인 여성 스키터(Emma Stone)와 두 명의 흑인 가정부 에이블린(Viola Davis)과 미니(Octavia Spencer)와의 관계를 중심으로 전개된다.

    인종 차별이 심했던 1963년 미국 남부의 미시시피 주 잭슨 시, 미시시피 대학을 졸업하고 집으로 돌아온 스키터는 살림 정보 칼럼의 대필을 맡아 집안일에 필요한 질문들에 답해주는 첫 과제를 맡게 된다. 하지만 살림에 관한 정보를 알 턱이 없던 스키터는 친구 엘리자베스의 흑인 가정부인 에이블린에게 도움을 요청한다. 스키터는 에이블린에게 도움을 받으며 가정부로 일하는 그녀의 삶을 엿보게 된다. 그녀는 에이블린을 보며 자신이 성인이 될 때까지 삶의 버팀목이 되어준 흑인 가정부 콘스탄틴을 떠올리기도 한다.

스키터의 친구 힐리 홀브룩은 친구들과의 모임자리에서 자신이 가사 도우미들과 분리된 화장실을 설치해달라는 내용으로 가정위생법에 대한 발의안을 썼다며 자랑스럽게 말하지만, 스키터는 이것을 못마땅하게 여긴다. 스키터는 잭슨에 사는 흑인 가정부들의 삶을 책으로 펴내서 그들의 고충뿐만 아니라 미국 전역에 있는 가정부들의 인권을 알리고자 결심한다.

스키터는 바로 에이블린에게 집필을 위한 인터뷰를 제안하지만 그 당시 흑인이 자신의 삶을 공개하고, 백인의 행동을 비판하는 것은 매우 위험한 일이었기 때문에 에이블린은 이를 거절한다. 한편, 태풍이 온 날 집 밖에 있는 가정부용 화장실을 갈 수 없었던 에이블린의 절친 미니는 집 안 화장실을 몰래 이용하려다 집주인 힐리에게 들켜 해고를 당하게 된다. 미니는 부당한 해고에 대한 반발심으로 자신의 대변이 들어간 초콜릿 파이를 구워들고 힐리의 집에 찾아가 통쾌한 복수를 한다

이후 여러 가지 사건을 접하게 되면서 에이블린은 부당한 대우를 받는 흑인 가정부들의 이야기를 폭로하고자 스키터의 제안을 수락하고, 미니도 이에 동참하게 된다. 스키터는 원고를 완성한 뒤 하퍼앤드 로우 출판사로 보내지만 편집장은 최소한 12명에게 인터뷰를 하고 원고를 다시 보내라며 퇴짜를 놓는다. 다른 가정부들은 두려움

에 인터뷰를 거부했고, 이에 스키터는 책 집필을 포기 하려고 했지만 에이블린의 충고를 듣고 결심을 바꾸게 된다.

하지만 며칠 뒤 미시시피 주에서 흑인 인권 운동가 메드가 에버스가 암살당하는 사건과 동료 가정부 율 메이가 체포되는 사건 등을 겪으며 마을의 흑인 가정부들은 스키터를 도우기로 결심한다. 어려움을 무릅쓰고 마침내 원고는 *The Help*라는 제목의 책으로 출간되었고 이 책을 통해 많은 백인들은 흑인 가정부가 받는 대우의 실상을 알게 된다. 책은 베스트셀러가 되고 도움을 준 흑인 가정부들은 상당한 액수의 원고료를 나눠 받게 된다. 미니는 실리아에게 평생고용을 약속 받으며 다시 일자리를 찾았고, 스키터는 취직을 위해 뉴욕으로 떠난다. 한편, 에이블린은 복수심에 불타는 힐리에 의해 도둑으로 몰리게 되면서 엘리자베스의 집에서 해고당하지만, 그녀는 작가가 되려는 꿈을 간직한채 그 집을 나서는 장면으로 영화는 끝이 난다.

9. 베트남 전쟁

베트남 전쟁은 민족주의자이며 공산주의자인 호치민이 통치하는 북 베트남과 미국의 동맹국인 남부 베트남 사이에 벌어진 내전이다. 3백만 명이상의 사상자가 발생한 베트남 전쟁에는 미국이 군사적으로 직접 개입하여 많은 미군 병력이 희생되었다.

남 북 베트남의 갈등은 미국과 소련 사이의 긴장감과 불안감이 가득했던 냉전의 산물이다. 태평양 전쟁 당시 일본에 점령당하고 프랑스의 식민지이기도 했던 베트남은 디엔 비엔 푸 전투에서 결정적으로 승리하여 프랑스 군을 몰아냈지만 1954년 북위 17도 선을 경계로 분단되어 북부 베트남 즉 월맹은 호치민이 지도자로 통치하였고, 남부 베트남 즉 월남에는 1955년 친미적인 고 딘 디엠이 대통령이 되었다. 그러나 디엠 정부는 공산 게릴라 부대인 베트콩을 진압하는 한편 민주주의를 요구하는 반정부적 세력을 탄압하는 독재 정권으로 발전한다. 그럼에도 불구하고 미국은 한 나라가 공산화되면 인접 국가들도 같이 공산화가 된다는 도미노 이론을 내세워 디엠 정부를 지원한다.

소규모의 군사 고문단을 파견하여 월남 정부군을 지원하던 수준을 넘어 미국이 대규모의 군사 개입을 시작한 계기는 1964년 월맹의 어뢰정들이 공해상에서 임무를 수행하던 2척의 미국 구축함들을 공격한 이른바 통킹 만 사건이다. 훗날 미국의 군사개입을 정당화하기 위해 조작된 사건으로 판명된 통킹 만 사건을 전환점으로 린든 존슨 대통령은 대규모로 미국 군사 지원을 늘려 1965년에는 82,000명의 전투 부대를 파병한데 이어 1966년에는 10만 명에 이르는 미군을 증파한다.

그러나 미군이 투입된 뒤 미국 내에서 여론은 점차 악화되었다. 1968년 초 월맹군의 대규모 구정 공세로 많은 미군의 사상자가 발생하고 월맹 전역에 대규모의 무차별적 공중 폭격이 개시되며 1968년 미군이 400명이 넘는 비무장 민간인을 살해한 미 라이(My Lai) 사건이 언론에 공개되면서 미국 내에서는 베트남 전쟁의 정당성에 대해 의문이 제기된다.

베트콩을 찾아 민가를 수색하는 미 해병대원들

린든에 이어 대통령에 당선된 리차드 닉슨은 베트남으로부터 미군의 점차적인 철수를 고려하기 시작했다. 닉슨 대통령은 월남군에게 무기와 군수 물자를 지원하고 훈련을 실시하여 그들의 힘으로 월맹군에 맞서 싸울 능력을 배양하는 이른바 전쟁의 "베트남화"

(Vietnamization)를 시행하였다. 전쟁을 둘러싼 미국 내의 여론이 첨예하게 분열되는 가운데 1970년에는 오하이오 주 켄트 주립대학교에서는 반전 시위를 벌이던 4명의 대학생들이 국가방위군의 총격으로 사망함으로써 반전 여론이 격화되었고 마침내 1973년 닉슨 대통령은 베트남으로부터의 철수를 결심한다. 그러나 미국이 철수를 한 지 2년이 지난 1975년 월맹군이 월남의 수도 사이공을 함락시킴으로써 베트남은 공산화되었고 58,000명이 넘는 미군이 전사하고 1,200억 달러의 예산을 쏟아 부으며 10년 가까이 지속된 미국의 군사 개입은 실패로 끝나고 만다.

영화 『7월 4일 생』 (*Born on the Fourth of July*)

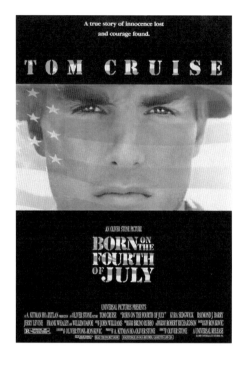

　올리버 스톤(Oliver Stone) 감독의 『7월 4일 생』(1989)은 베트남 전쟁 참전 용사 론 코빅(Ron Kovic)의 자서전을 바탕으로 제작된 영화이다. 이 영화는 애국심에 불타 해병대에 자원입대하고 베트남에 파병되었다가 전투 중 부상을 입고 불구의 몸으로 귀국한 코빅이 자신의 희생이 지닌 의미를 탐색하면서 끝내 반전주의자로 거듭나는 과정을 보여준다. 탐 크루즈가 코빅의 역을 열연한 이 작품은 『플래툰』(1983), 『하늘과 땅』(1993)과 함께 올리버 스톤 감독의 베트남전 3부작 가운데 하나이다.

　1956년 뉴욕 주 롱아일랜드, 열 살 소년 론 코빅은 전쟁놀이를 하며 마을에서 벌어지는 독립기념일 행진을 보게 된다. "나라가 무엇을 해주기를 요구하기에 앞서 나라를 위해서 무엇을 할 것인지를 물어보라"는 존 F. 케네디의 취임 연설에 감명을 받은 코빅은 애국심을 키워가며 고등학교를 졸업하고 해병대에 자원입대한다.

베트남에 파병된 코빅은 1967년 10월 두 번 째 순찰을 돌던 도중, 부대원들이 베트남 민간인들을 베트콩으로 착각하여 사살하는 현장을 목격한다. 적의 기습으로 후퇴를 하던 코빅은 실수로 소대의 새로 전입을 온 윌슨 일병을 사살한다. 그는 1968년 1월 전투 중에 중상을 입게 되고 전우의 도움으로 간신히 목숨을 구했지만 하반신이 마비되고 만다. 코빅은 본국으로 후송되어 바닥에는 쥐가 기어 다니고, 의사와 간호사들은 환자들을 등한시하며 약물이 남용되고 병원 장비가 낡아버린 브롱크스 참전 용사 병원에서 치료를 받는다. 의사의 지속적인 경고와 제재에도 불구하고 코빅은 목발과 교정기의 도움을 받아 다시 걷기 위해 필사적으로 애를 쓴다.

1969년 코빅은 다리는 온전하지만 영구적으로 휠체어를 타야하는 상태가 되어 고향 집에 돌아온다. 미 해병의 자존심을 끝까지 지키려고 노력하지만 점차 환멸을 느끼기 시작한 코빅은 알콜에 의존하기 시작하고 외상 후 스트레스 장애에 시달리며 전역 후의 삶에 적응하는 데 어려움을 겪는다. 그는 고교 시절 여자 친구 도나와 만나러 그녀가 다니는 대학을 찾아가지만 베트남 반전 시위에 휘말려 그녀와 작별한다. 론은 술집에서 싸움을 벌이고 어머니와 말다툼을 벌이는 등 말썽을 일으키다 아버지의 결정으로 멕시코로 보내진다.

멕시코에 도착한 코빅은 참전 용사들의 휴양지인 "태양의 마을"에서 시간을 보낸다. 매춘부와 난생 처음 성행위를 경험한 그는 그녀와 사랑에 빠졌다는 착각에 사로잡히지만 결국 그곳을 떠나 다시 고향으로 돌아간다. 코빅은 나중에 조지아 주로 여행을 떠나 자신이 실수로 죽인 소대원 윌슨 부모님에게 찾아가 진실을 고백하고 용서를 구한다.

코빅는 베트남 전쟁을 반대하는 참전 용사 단체에 가입하며 1972년 마이애미에서 개최된 미 공화당 전당대회를 찾아가 기자에게 자신이 겪은 전쟁의 악몽 같은 순간들을 얘기하며 베트남 전쟁은 잘못된 것이라고 주장한다. 닉슨 지지자들의 분노를 산 그는 대회장에서 쫓겨난다. 자서전 『7월 4일생』을 출간한 코빅은 끝내 4년 뒤 1976년 민주당 전당대회에 연사로 참가한다.

영화 『플래툰』(*Platoon*)

베트남 전쟁을 소재로 삼은 영화『플래툰』(1986)은 올리버 스톤이 감독하고 톰 베린저, 윌럼 대포, 찰리 쉰이 열연한 작품으로 1986년 아카데미 최우수 작품상을 수상했고 미국 영화 연구소가 선정한 100년 동안 제작된 최우수 영화 100편 가운데 83위를 기록했다. 이 영화는 베트남에 파병된 미군 신병 크리스 테일러의 시선을 통하여 전쟁의 폭력성과 아군 내에서 벌어지는 갈등을 다루면서 베트남 전

쟁의 부조리성을 부각시킨다.

1967년 베트남에 도착한 미군 자원입대자 크리스 테일러(챨리 쉰)는 캄보디아 국경 근처 소대에 배치 받는다. 소대는 젊고 경험이 적은 울프 중위가 지휘관이지만, 병사들은 소대장 보다는 경험 많은 두 명의 하사관, 무뚝뚝하며 냉소적인 로버트 반즈 중사와 이상주의적 성향의 엘리아스 중사를 더 신뢰한다.

크리스는 반즈, 엘리아스와 경험 많은 병사들과 함께 북베트남군 부대 야간 매복 작전에 투입된다. 북베트남 병사들은 자고 있는 미국 병사들 근처까지 접근해 전투가 벌어지고 크리스는 경상을 입지만 신병 가드너가 전사한다. 병원에서 퇴원 후, 크리스는 엘리아스와 그를 따라 대마초를 피우는 병사들과 어울리면서 반즈와 그의 추종자들과는 거리를 유지한다.

소대원들 가운데 세 명이 순찰 중에 기습을 받아 전사한다. 소대가 근처 마을에서 적의 무기와 보급품 은닉처를 발견한 뒤 반즈 중사는 마을 이장에게 주민들이 적군을 지원하는지 여부를 심문한다. 그 와중에 반즈가 반발하는 이장의 부인을 살해하자 이를 목격한 엘리아스가 그의 만행을 비난하며 몸싸움을 벌인다. 소대장은 싸움을 말리고 발견된 보급품과 함께 마을 전체를 파괴할 것을 지시한다. 크리스는 반즈의 추종자들이 두 명의 어린 마을 여성들을 강간하려는 행위를 저지한다.

소대가 부대로 복귀하자, 중대장 해리스 대위는 불법적인 살인이 벌어졌을 경우 군법회의가 소집될 것이라고 선언한다. 반즈는 엘리아스가 자신을 상대로 불리한 증언을 할까봐 두려워한다. 다음 순찰 때, 소대는 기습을 당하고 많은 사병들이 부상을 당한다. 울프 중위의 실수로 포병의 지원 사격이 자신의 부대에 떨어지면서 더 많은 병사들이 부상을 입는다. 엘리아스 중사는 크리스와 두 명의 병사들과 함께 적의 측면을 공격하기 위해 숲 속으로 들어간다. 반즈는 후퇴 명령을 내리고 숲으로 들어가 엘리아스를 찾아내 그에게 총을 발사한다. 소대가 헬리콥터를 타고 후퇴할 때, 중상을 입고 적군에게 쫓기는 엘리아스의 모습이 멀리서 비쳐진다. 초조해 하는 반즈를 보며 크리스는 엘리아스의 죽음이 그의 짓인 것을 알게 된다. 크리스는 부대에서 몇몇 전우들과 함께 반즈에게 복수하자고 설득하고 술에 취한 반즈를 공격하지만 오히려 반즈는 칼로 크리스의 눈 주변에 상처를 입히고 막사를 떠난다.

소대는 방어 태세를 유지하기 위해 최전선에 배치된다. 그 날 밤, 적군의 기습으로 전선이 돌파 당한다. 울프와 반즈의 추종자들을 포함해, 소대원 대다수가 전사한다. 폭발물로 무장한 적군의 자살 공격으로 대대본부가 폭파된다. 중대장 해리스 대위는 항공대에 남은 모든 폭탄을 투하하라고 지시한다. 혼란 속에서 크리스는 부상당해 제정신이 아닌 반즈를 목격한다. 반즈는 테일러를 죽이려다가 아군 비행기의 공습을 받아 둘 다 의식을 잃는다.

크리스는 다음 날 아침 의식을 되찾은 뒤, 적의 소총을 들고 의무병을 불러달라고 지시하는 반즈를 발견한다. 도와줄 의향이 없는 크리스를 보자 반즈는 자신을 죽여 달라고 하고 크리스는 그에게 총을 발사한다. 부상을 당하지 않고 살아남은 동료 프랜시스는 부상으로 후송을 기대하며 스스로 자기 다리를 칼로 찌른다. 부상으로 헬리콥터로 후송 되는 도중 크리스는 시신으로 가득한 전장터를 내려다보면서 눈물을 흘린다. 전쟁을 회상하는 크리스의 다음과 같은 말과 함께 영화는 끝이 난다.

"돌아보니 우리는 적과 싸운 것이 아니라는 생각이 든다. 우리 자신과 싸운 것이다. 적은 우리들 안에 있었다. 이제 내게 전쟁은 끝났지만, 전쟁은 그곳에서 계속될 것이고 남은 생애 동안 엘리아스는 내 영혼의 소유권을 놓고 반즈와 싸움을 벌일 것이다. 그 이후로 내가 이 두 사람을 아버지로 두고 태어났다는 느낌이 들 때가 있다. 그러나 어찌 되었든 살아남은 우리는 다시금 건설하고 우리가 아는 바를 남들에게 가르치고 남은 생애 동안 이 세상에서 선함과 의미를 발견하기 위해 애를 써야만 한다."

"I think now, looking back, we did not fight the enemy; we fought ourselves. And the enemy was in us. The war is over for me now, but it will always be there, the rest of my days as I'm sure Elias will be, fighting with Barnes for what Rhah called possession of my soul. There are times since, I've felt like the child born of those two fathers. But, be that as it may, those of us who did make it have an obligation to build again, to teach to others what we know, and to try with what's left of our lives to find a goodness and a meaning to this life."

제 2 부

미국 사회와
미국 영화

1. 미국의 종교

종교는 미국 역사에서 언제나 중요한 역할을 해왔다. 1500년대에 카톨릭 신앙이 북미대륙에 처음으로 소개된 이후 300년 동안 남미대륙과 스페인에서 온 카톨릭 선교사와 사제들이 현재의 캘리포니아와 미국 남서부 지역에 진출하였다. 그러나 미국 초기 역사에서 유럽에서 건너온 이주자들의 대다수는 개신교도였고, 신생 국가가 형성되는 동안 미국의 종교적 풍토에 가장 강력한 영향을 미친 것도 기독교의 개신교파였다.

(1) 개신교의 발전

1) 종교적 신념 등의 이유로 유럽에서 개신교는 로마 카톨릭 교회에서 분리되었고 이후 장로교, 침례교, 감리교 등 다양한 종파로 분화된다.

2) 17세기에 유럽에서 미국으로 건너온 이주자들 가운데 종교적 박해를 피하고 종교적 자유를 찾으려했던, 청교도를 포함한 개신교도들이 주류를 이루었다.

3) 미국 초기 역사부터 교회와 국가의 분리가 인정되었다. 1789년 미국 헌법이 채택되었을 때 정부가 국가 교회(a national church)를 설립하는 것은 금지되었다. 특정 교파가 다른 교파들보다 특혜를 받지 못하게 됨에 따라 각각의 교파들은 종교적 "상생"(live and let live)의 분위기 속에서 보호 받고 성장할 수 있었다.

(2) 자기 의존(Self-Reliance)과 자기 개발(Self-Improvement)

1) 미국의 개신교와 연관된 가치들 가운데 가장 중요한 것은 "하나님은 스스로 돕는 자를 돕는다"(God helps those who help themselves.)는 격언처럼 자기 개발의 가치이며, 이는 자기 의존 또는 자립의 가치로부터 발전한 것이다.

2) 자기 개발의 가장 극적인 예는 종교적으로 "거듭 나기"(born again)의 경험이다. 이는 하나님과 예수 그리스도에게 진실로 마음을 여는 순간 삶이 송두리째 바뀐다는 것을 의미한다.

3) 자기 개발이 중시되는 풍토를 반영하여 미국에는 각종 자기 개발서, 자기 개발 세미나 등이 유행한다.

각종 자기 개발서들

(3) 물질적 성공, 노력, 자기 억제

1) 물질적 성공의 성취는 미국에서 가장 광범위하게 존중되는 자기 개발과 발전의 한 가지 형태일 것이다. 미국의 개신교 전통이 이와 같은 생각을 낳는 데 큰 영향을 미쳤다.

2) 하나님의 축복을 받은 자는 물질적 성공으로 인정을 받는다는 믿음 속에서 미국인들은 물질적 부를 얻는 것과 하나님으로부터 받는 축복 사이에 강한 관련성이 있다고 생각한다. "경건함과 부는 양립한다."(Godliness is in league with riches.)는 격언도 이러한 믿음을 뒷받침한다.

3) 미국의 종교 지도자들은 노력과 자기 억제(self-discipline)를 통해 부자가 될 수 있다는 믿음을 고취시킨다. 자기 억제란 즉각적인 쾌락을 얻는 데 돈을 쓰기 보다는 저축하고 투자하려는 의지를 가리킨다.

4) 노력과 자기 억제로 물질적 부를 얻을 수 있다는 믿음은 흔히 "개신교 근로 윤리"나 "청교도 노동 윤리"라고 불린다. 이러한 풍토를 반영하여 미국에서는 근로자들에게 일정한 유급 휴가일을 보장해야 한다는 법적인 요구 조항이 존재하지 않는다.

(4) 자원 봉사정신과 인간 우선주의

1) 자기 발전에 대한 믿음은 남을 도와 자신을 발전시킬 수 있다는 생각과 직결된다. 미국에서 자원봉사정신(volunteerism)과 인본주의(humanitarianism)가 중시되는 것은 그 때문이다.

2) Andrew Carnegie, John D. Rockefeller, Julius Rosenwald, Bill Gates, Warren Buffet 등 미국의 거부들이 공익을 위해 거액을 기부하는 것도 이러한 자기 개발에 대한 믿음을 반영한다.

3) 자녀 교육을 다루는 잡지 등에는 자신이 가진 것을 사회에 되돌리도록 아이를 키워야 한다는 기사들이 자주 실린다. "자원봉사가 아이들의 자존감을 높이고 남에게 감사하는 법을 가르친다"는 취지의 기사 내용은 미국의 종교와 자기 발전의 강한 상관성을 반영한다.

(5) 9/11 테러와 미국의 국가 종교

1) 2001년 9/11 테러 직후에 미국인들 사이에서 사랑과 자비, 애국심이 강하게 분출되었는데 이처럼 종교와 애국심이 결합된 감정

을 미국의 "국가 종교"라고 일컫는다. 국가 종교의 주된 기능은 미국의 지배적인 가치를 지지하고 슬픔에 빠진 국민들에게 위안을 주는 것이다.

2) 그러나 때로 일시적 흥분과 분노에 휩싸인 미국인들이 국가의 올바르지 않은 결정에 반대하는 목소리를 억압하고 배척하는 결과를 낳기도 한다. "조국을 사랑하든지 아니면 떠나라"("America—love it or leave it.")는 단순한 애국심이 결과적으로 미국에 부정적인 영향을 끼친 사례로 베트남 전쟁과 이라크 침공을 들 수 있다.

(6) 미국의 새로운 종교적 풍토

1) *American Grace: How Religion Divides and Unites Us*에서 저자 Robert D. Putnam과 David E. Campbell은 현재 미국에는 종교적 양극화(religious polarization)와 다원주의(pluralism)가 동시에 작용하고 있다고 지적한다. 즉 보수적인 기독교 복음주의자(evangelicals)와 세속주의적 진보진영 사이에 양극화 현상이 심해지고 있으며 새로운 문화 전쟁(culture wars)의 양상으로 발전되고 있다고 보는 것이다.

2) 개인의 자유에 입각하여 자신의 종교를 자유롭게 선택할 수 있다는 미국인의 기본적인 신념이 미국인들의 신앙생활 핵심부에 자리 잡고 있다. 그 결과 인종적, 문화적으로 다양한 풍토 속에서 종교적 다원성도 두드러진다. 미국에는 현재 236개의 종교가 존재하는데 그 가운데 10대 종교는 순위별로 다음과 같다:

1. Catholic 2. Baptist 3. Methodist 4. Non-denominational evangelical protestant 5. Lutheran 6. Mormons 7. Pentecostal 8. Presbytarian reformed 9. Islam 10. Judaism.

3) 특정 종교와 연관이 없다고 말하는 미국인들의 숫자가 늘어나고 있는 추세에서 전통적인 개신교 교회들의 신도 수는 줄어들고 있으며 대신 특정 교파와 연대를 이루지 않는 복음주의적 "초대형 교회"(megachurch)가 발전하고 있다.

4) 특정 종교나 교파가 선호되지 않는 자유롭고 다양한 미국의 종교적 관용의 풍토는 매우 다양한 종교들이 단일한 국가에서 상생하는 독특한 현상을 만들어내고 있는 것이다.

종교의 어두운 이면: 영화 『스포트라이트』(*Spotlight*)

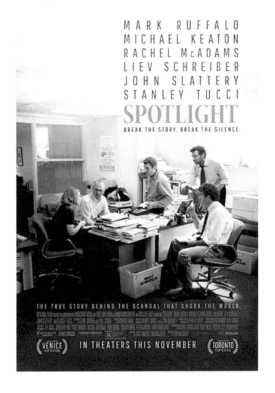

　영화 『스포트라이트』(2015)는 미국의 유력 일간지 보스턴 글로브의 "스포트라이트" 팀이 보스턴 지역에서 광범위하고 조직적으로 자행된 카톨릭 성직자들에 의한 아동 성학대의 실태를 파헤치는 과정을 그린 작품이다. 미국의 여론이 점차 인기 연예인이나 운동선수의 추문이나 쫓아 다니며 취재하는 수준으로 전락한 현실에서 거대 종교 집단을 상대로 본격적인 심층 조사와 취재를 벌이는 기자들의 양심과 용기를 그리고 있다는 점에서 이 영화로부터 우리는 신선함을

느낀다. 보스턴 글로브의 "스포트라이트" 팀은 2003년 퓰리처상을 수상하였고 이 영화는 2016년 아카데미 최우수 작품상을 수상한다.

1976년 보스턴의 한 경찰서에서 두 명의 경찰관은 아동 성희롱으로 체포된 기독교 성직자 존 거간과 고위 성직자가 아이들의 어머니와 대화하는 것에 대해 이야기한다. 이후 지방 검사보가 관할구로 들어와 경찰관들에게 언론에 노출되지 않도록 부탁하고 성직자는 풀려난다.

2001년 보스턴 글로브는 새로운 편집자 마티 바론을 고용한다. 바론은 신문사 내 "스포트라이트" 팀의 편집장 월터 "로비" 로빈슨을 만난다. 이 팀은 몇 명의 기자들이 모여 몇 달 간의 조사와 게재 과정이 필요한 탐사 기사를 작성하는 소규모 부서이다. 바론은 변호사 미첼 가라베디안에 관한 기사를 읽고 보스턴의 대주교인 버나드로 추기경이 존 거간이 미성년자들을 성적 학대한다는 사실을 알면

실제 보스턴 글로브 지의 스포트라이트 팀

서도 방치한 사실을 알게 된다. 저널리스트 마이클 레젠데스는 가라베디안에게 연락하지만 인터뷰를 거절당한다. 신분을 공개하지 않도록 지시를 받지만, 레젠데스는 자신이 스포트라이트 부서의 인원임을 공개하며 가레베디안이 입을 열도록 설득한다.

한 명의 성직자가 교구를 여러 차례 옮겨다는 것을 추적하다가 스포트라이트 팀은 가톨릭 성직자들에게 학대를 당한 미성년자들에게 나타나는 비슷한 패턴과 대주교의 계속적인 은폐 행위를 발견한다. SNAP(강간 피해자 단체)의 대표 필 사비아노를 통해 스포트라이트 부서는 조사의 범위를 넓히며 13명의 성직자들의 혐의를 의심하게 된다. 전직 성직자이자 보스턴의 소아성애 성직자들을 갱생시키려 했던 리차드 사이프를 통해 대략 보스턴에 아이들을 성적으로 학대하는 성직자가 90명에 이른다는 사실을 알게 된다. 조사를 통해 그 가운데 87명의 이름이 적힌 리스트를 작성한 팀원들은 피해자들을 찾으러 나선다.

9/11 테러가 발생하자 스포트라이트 팀은 이 기사에 더 이상 우선적으로 매달릴 수 없었지만 레젠데스가 가라베디언으로부터 추기경이 학대 사실을 알면서도 이를 등한시했음을 입증하는 문서가 있다는 사실을 알게 되자 다시 이 기사에 집중하기 시작한다. 레젠데스는 더 많은 피해자들이 고통을 받기 전에, 그리고 다른 신문사가 먼저 보도하기 전에 빨리 조치를 취해야 한다고 주장하지만, 로빈슨은 이 이야기에 대한 진실이 제대로 밝혀지려면 더 많은 조사가 필요하다고 말한다. 보스턴 글로브가 더 많은 공식 문서를 입수하고 사건의 전모에 대한 증거가 더욱 명확해지자 스포트라이트 팀은 드디어 2002년 초에 기사를 싣는다.

기사를 출판하기 전에, 로빈슨은 팀원들에게 1993년 변호사 에릭

맥리시로부터 20명의 아동 학대 성직자들의 이름이 담긴 리스트를 받았지만 조치를 취하지 않았음을 고백한다. 그러나 바론은 그를 칭찬하고 지금이나마 범죄를 폭로하려는 팀원들의 용기를 격려한다. 기사는 추기경의 직무 유기와 성적 학대 피해자들의 전화번호를 밝힌 문서들과 웹사이트 링크와 함께 게재된다. 다음 날 아침, 스포트라이트 팀은 수많은 피해자들로부터 전화를 받는다.

영화는 에필로그에서 추기경은 사직하지만 로마의 산타마리아 마조레 교회로 승진, 전보되었음을 알리고 나서 성직자들의 학대 행위가 일어난 미국과 전 세계의 지역들을 공개한다.

2. 풍요의 미국 사회

미국의 총 인구는 전 세계 인구의 약 5 퍼센트를 차지하지만 미국인들은 연간 전 세계 에너지 소비량 가운데 20 퍼센트 이상을 사용하고 있으며 매일 4.5 파운드의 쓰레기를 만들어 낸다. 이러한 현상 탓에 미국은 종종 "낭비적인 국가"(a throw-away country)라는 불명예를 뒤집어쓰기도 한다. 그러나 풍요의 척도가 소비라고 했을 때 미국이 풍요로운 국가인 것은 부인할 수 없는 사실이다. 미국의 풍요는 풍부한 자원에 국민들의 노력이 더해진 결과로서 물질적 풍요를 긍정적인 도덕적 가치로 보는 미국인들의 관점이 반영된 결과이기도 하다.

(1) 생산국가에서 소비국가로

미국이 18, 19세기 생산 위주의 국가에서 20세기에 소비국가로 변화하는 데 결정적 계기가 된 것은 대중 광고(mass advertising)의 출현이다. 대중 광고의 출현으로 미국인의 소비 패턴은 급속하게 확대되고 대중의 사고, 태도 기호 등이 크게 바뀐다.

(2) 미국의 소비자가 선호하는 것

1) 편안함(comfort)
2) 청결함(cleanliness): "Cleanliness is next to godliness."
3) 창의성(inventiveness)
4) 편리성(convenience)

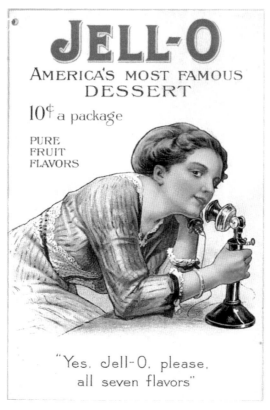

1920년대 광고 포스터

(3) 기술의 풍요성

새로운 기술의 출현과 발전으로 미국인들이 여가 시간을 즐기고 정보를 받아들이는 방법이 크게 변화하였다. 케이블 TV의 채널이 대폭 늘어나고 인터넷의 활성화로 정보를 받아들이고 처리하는 속도 또한 빨라지고 있다.

세계 최초의 컴퓨터 애니악

(4) 지식과 정보의 풍요성

Big Data의 출현으로 편리함이 더 해진 것은 사실이지만 미국인들에게 다음과 같은 우려를 낳기도 한다.

1) 수집된 개인 정보가 기업에서 어떻게 사용될 것인가에 대한 우려.
2) 정부와 법을 집행하는 부서에서 개인 정보를 어떻게 활용할 것인가에 대한 우려.
3) 신분 도용을 비롯한 각종 범죄에 대한 우려.

Big Data는 양날의 칼과도 같다. 잘 활용하면 중요한 문제들의 해결을 통해 인류에게 많은 혜택을 가져다 줄 수 있지만 지나치게 많은 정보 탓에 잘못된 결정을 내리게 할 수도 있기 때문이다.

(5) 새롭게 정의된 미국의 풍요

미국인들은 풍요를 인류가 직면한 어려운 문제들을 해결할 수 있는 "아이디어들의 강력한 공급"으로 새롭게 정의하고 있다. Big Data와 네트워킹 기술을 공유함으로써 식수, 식량, 주택 등의 기본적 요구 사항들을 해결하고 인류에게 풍요로운 가능성의 삶을 가져다 줄 도구를 개발할 수 있다고 보는 것이다.

환경오염의 근원을 찾으려는 열정: 영화 『시빌 액션』 (*A Civil Action*)

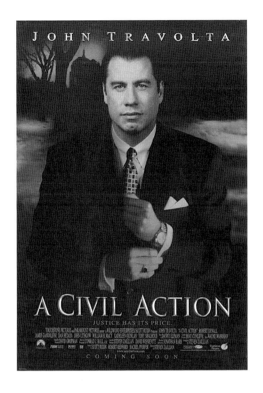

일단 환경이 오염되고 나면 그 근본 원인을 찾기란 결코 쉽지 않다. 오염의 피해가 나타났다 할지라도 그것이 오랜 시간에 걸쳐 진행된 오염의 결과라면, 최초의 오염원을 찾아내는 일은 매우 어려운 작업이 될 수 있기 때문이다. 이처럼 피해자는 있지만 그 가해자가 분명하지 않은 것이 환경범죄의 특징이다. 민사소송이라는 뜻의 『시빌 액션』(1998)은 바로 환경오염의 원인을 밝혀내려는 노력이 얼마나 힘든 지를 설득력 있게 보여주는 영화이다.

"20대에 사망한 성인 남자는 중년의 사망자보다 값어치가 적으며,

여성 사망자는 남성 사망자보다 가치가 덜하다"(A dead adult in his 20s is generally worth less than one who is middle aged. A dead woman less than a dead man.)는 식으로 상해나 사망에 따른 보상금 소송을 주로 다뤄온 변호사 잰 쉴릭트만(존 트래볼타)은 라디오 법률상담 프로를 진행하던 중 그의 삶을 바꾸어 놓는 사건과 맞닥뜨리게 된다. 매사추세츠 주 워본이라는 작은 마을에서 여덟 명의 아이들이 백혈병으로 죽어갔다는 내용의 전화를 받고, 잰은 내키지 않지만 그 마을을 방문하여 피해 가족들을 만난다. 그러나 그에게 전화를 했던 앤더슨 부인이 자신을 포함하여 자식을 잃은 부모들이 바라는 것은 금전적 보상이 아니라 책임 소재를 밝혀 정식으로 사과를 받는 것이라고 말하자, 그는 이 사건을 맡을 경우 변호사 수임료조차 건질 수 없음을 직감한다.

하지만 잰은 마을의 식수원인 강의 상류에 규모가 큰 두 식품회사, 그레이스사와 베아트리스 사가 자리 잡은 것을 알아내고는 사건을 맡기로 결심하고 이 회사들을 상대로 소송을 제기한다. 이 기업들이 배출하는 화학물질에 오염된 식수 때문에 아이들이 죽어갔음을 입증한다면 막대한 피해 보상금을 받아 낼 수 있을 뿐 아니라, 한낱 상해사건 전문 변호사에 불과했던 자신이 유명세를 탈 수 있으리라는 계산이 있었기 때문이다. 그렇지만 그 얄팍한 계산으로 인해 잰은 오염의 근본책임을 밝혀내는, 길고 지루할 뿐만 아니라 많은 비용을 요구하는 소송을 이끌어 가면서 혹독한 시련을 겪게 된다.

식수 오염의 경로를 찾기 위해 마을 일대를 시추하는 등 막대한 비용이 들자, 동료 변호사들이 집을 담보로 대출을 받아 뒷감당을 할 정도로 힘든 이 소송 사건에 매달리면서 차츰 잰은 환경 파괴의 위험성에 눈을 뜨게 된다. 또한 그는 아이들의 죽음을 뒤늦게 돈으로 보상하려는 기업들의 비윤리적인 태도에 분개한다. 그 기업들이 동료 변호사들마저 만족할 정도의 합의금을 제시했을 때, 잰이 2천500만불은 피해주민들에게 현금으로 지불하고, 또 다른 2천500만불은 오염의 재발을 막기 위해 연구소 설립에 투자하도록, 정도를 넘어선 요구를 한 이유는 바로 진실을 밝혀내서 이러한 사건이 반복되지 않도록 기업들에 경각심을 일깨우려는 목적 때문이었다.

강물로 버려지는 공장의 폐수

합의가 이루어지지 않아 법정에서 배심원단의 평결을 기다리는 동안, 하버드 법대 출신의 노련한 베아트리스 사의 고문 변호사 제롬 패처(로버트 듀발)는 "당신도 법정이 진실을 찾아내는 장소가 아닌 줄 알 만큼 경험이 많을 텐데요"(You've been around long enough to know that a courtroom isn't a place to look for the truth.)라면서 마지막으로 합의를 시도하지만 잰은 끝내 진실을 밝히고 말겠다는 의지를 굽히지 않는다. 결국 베아트리스 사는 무죄로 책임을 면하고, 파산에 직면한 동료 변호사들의 압력을 견디지 못한 잰은 그레이스 사로부터 만족스럽지 못한 수준의 배상금을 받는 데 동의함으로써 소송은 종결된다.

일거에 재산을 잃고 명성을 얻을 기회마저 날려버린 잰은 보스턴을 떠나 작은 도시에서 초라한 법률사무소를 연다. 그러나 그는 먼지 속에 묻혀 있던 사건 파일들을 들추어내 다시 소송을 제기하고, 끝내 사건기록이 환경청(EPA)으로 넘어가면서 두 기업은 폐기물 정화비용으로 7천만 불에 가까운 거액을 추징당한다. 잰의 끈질긴 노력의 원동력은 힘든 소송을 거치면서 그가 다다른 인식, 잠시 후대로부터 빌려 쓰고 있을 뿐인 이 자연환경을 우리가 더럽힐 권리는 없다는 인식이었을 것이다.

3. 미국의 기업 활동

미국은 비영리적인 공공 부문(non-profit public sector)보다 이윤을 추구하는 사기업(private business)이 발달한 거대 자본주의 국가이다. 기회의 평등과 경쟁의 가치를 바탕으로 미국의 꿈(American Dream)을 실현하려는 개인과 기업가들에 의해 오늘날 이른바 미국 기업(Corporate America)이 탄생하였다.

(1) 기업과 경쟁의 가치

기업 제도가 미국인의 생활방식 한 가운데에 자리 잡은 것에는 두 가지 이유가 있다.

첫째, 미국인들은 기업이 경쟁의 이상적 가치에 그 토대를 두고 있다고 본다. 경쟁은 개인의 가치와 기회의 평등, 노력이 보호 받을 수 있는 수단이다. 경쟁은 독점을 허용하지 않음으로써 개인의 자유, 곧 소비자의 선택의 자유를 보장하기 때문이다.

둘째, 미국의 꿈은 통상적으로 성공적인 사업을 통해 성취된다는 믿음 때문이다.

(2) 부자가 되는 꿈

미국의 꿈의 한 가지 중요한 양상은 가난을 딛고 부자가 되는 것으로서, 미국인들은 이를 사업의 성공을 통해 이룰 수 있다고 믿는다. 포브스(Forbes) 지가 선정한 미국에서 가장 부유한 400인들 가운데 35 퍼센트가 빈곤층이나 중산층 출신에서 물질적으로 성공한 사람들이다. 사업은 개인이 부유해질 수 있는 가장 손쉬운 방법이면서 동시에 국가 전체에 이익을 가져다준다.

전형적인 American Dream의 포스터

(3) 영웅적인 기업가의 초상

사업을 부와 미국의 전통적인 가치들과 연결시키는 미국인들의 믿음 때문에 성공적인 사업가는 미국인들에게 영웅으로 비쳐진다. 미국의 소설가 Horatio Alger는 소설 *Ragged Dick*에서 주인공 Richard Hunter가 노력과 활력, 근면을 토대로 "누더기에서 부자로"(from rag to riches), 즉 가난한 구두닦이에서 사업가로 성공하는 과정을 보여준다. 이처럼 영웅적이고 독립적인 기업가의 초상에 영향 받아 미국인들은 권위에 복종하지 않고 자신의 사업을 일구기 위해 자영업에 종사하는 경우가 많다.

(4) 전문 경영자

전문적인 경영 지식으로 창업자가 설립한 기업을 운영하는 경영자를 CEO(chief executive officer) 또는 CFO(chief financial officer)라 부른다. 어려움에 처한 자동차 기업 크라이슬러를 되살린 Lee Iacocca 같은 전문 경영자도 있는 반면 기업의 돈을 개인적인 목적으로 사용하여 회사를 파산시킨 케이블 기업 Adelphia의 John Rigas 같은 탐욕스럽고 부도덕한 경영자도 존재한다. 이처럼 미국인들이 부도덕한 경영자에게 분노를 느끼고 이들이 법에 의해 중형에 처해지는 이유는 투자자들을 기만하고 불법적으로 기업을 운영하여 결국 근로자들이 일자리를 잃는 사태를 야기 시키기 때문이다.

(5) 미국 중산층의 위기

미국의 중산층은 여전히 미국의 꿈에 대한 믿음을 포기하지 않지만 다음과 같은 이유로 위기감을 느끼고 있다.

1) 기업이 공장을 해외로 이주시키면서 일자리를 잃을 가능성.
2) 기업이 경쟁력을 높인다는 이유로 규모를 축소함.
3) 기업이 정규직을 시간제 근로자들로 대체함.
4) 기업이 해외에 아웃소싱을 시작함.
5) 주택 가격의 거품 파열.

특히 2008년 주택 가격의 거품이 가라앉으면서 시작된 금융 위기로 중산층이 고통을 겪었지만 상위 1 퍼센트의 재력가들은 오히려 자산 규모가 커지는 현상을 목격하면서 미국인들은 "월가를 점령하라"는 시위에 적극 나서기 하였다.

(6) 미국의 꿈의 새로운 정의

Adrianna Huffington은 저서 *Third World America*에서 미국인들은 경제적 위기를 겪으면서 회생성(resilience), 창의성(creativity), 공감의 행동(acts of compassion)으로 미국의 꿈을 새롭게 정의하고 있다고 주장한다.

1) 서부 개척의 정신을 유산으로 물려받은 미국인들은 위기로부터 회생할 수 있다는 믿음을 여전히 간직하고 있다.

2) 미국인들은 혁신(innovation)과 창의성으로 더 나은 미래가 가능하다고 믿는다.

3) 미국인들의 공감적 성격을 바탕으로 미국의 사회적 기업가(social entrepreneurs)와 기술애호가(technophilanthropists)들은 다수의 사람들이 혜택을 볼 수 있는 더 나은 사회를 만들기 위해 비영리적 기업 활동을 벌인다. 그 예로 Ebay의 회장 Jeff Skoll, Facebook 창업자 Mark Zuckerberg, Pay Pal의 창업자 Elon Musk를 들 수 있다.

(7) 미국 기업의 미래

경제가 부진할 때에도 미국인들은 지속적인 창업 정신을 보여준다. 정부는 소기업청(Small Business Administration, SBA)이 주도하여 근로자 500명 이하의 소기업 창업을 지원한다. 미국의 소기업들 가운데 약 절반은 인터넷을 기반으로 집에서 사업을 벌이고 있다. 또한 크라우드소싱(crowdsourcing)을 통하여 아이디어를 공모하여 참여자들에게 발생한 이익을 나누어주는 www.quirky.com 같은 새로운 형태의 기업도 등장하고 있다.

투자 은행의 도덕 불감증: 영화 『마진 콜』(*Margin Call*)

영화 『마진 콜』(2011)은 2008년 미국의 금융위기가 시작되기 직전 월가의 한 투자 은행에서 벌어진 36시간의 숨 막히는 상황을 기록한 작품이다. 은행에서 만든 파생 상품의 가치가 폭락할 것이 예상되는 가운데 이 상품들을 제한된 시간 내에 황급히 투자자들에게 팔아치우는 모습을 통하여 금융 위기를 초래한 투자 은행의 도덕적 해이를 엿볼 수 있다.

월가의 한 투자은행이 거래소 부서에서 대규모로 직원을 해고한
다. 위기관리 부서의 간부 에릭 데일은 해고당한 뒤 회사에 자신의
최근에 매달렸던 프로젝트를 계속 수행해줄 것을 요청하지만 관심
없는 인사부 직원은 회사에서 제공한 휴대전화를 반납하고 그에게
즉시 자리를 비울 것을 요구한다. 엘리베이터를 기다리는 동안 그는
자신의 부하 직원 피터 설리반에게 USB를 건네주며 "조심하라"(Be
careful)는 애매한 충고를 남긴다.

설리반은 그날 밤 데일의 프로젝트를 끝내려 야근을 하며 현재 은
행이 발행한 모기지 담보 증권의 변동성이 곧 역대 시장 변동성 수
준을 넘어설 것이라는 사실을 알아낸다. 기업의 자산이 25% 하락하
면, 총 손해는 기업의 가치보다 클 것이고 기업은 결국 파산할 것이
다. 설리반과 그의 동료 세스 브레그만은 상사인 윌 에머슨에게 이
상황에 대해 설명한다. 에머슨은 퇴근 중인 책임자 샘 로저스(케빈
스페이시)에게 전화로 이 사실을 알리고 로저스는 회사로 되돌아온
다. 그들은 데일에게 연락을 하려 하지만, 데일의 회사 전화는 전원
이 꺼져 있고 그는 집에 아직 돌아오지 않았다.

이들은 밤새 회사에 남아 제러드 코헨, 위기관리부서 책임자 새라
로버슨(데미 무어), CEO 존 툴드(제레미 아이언즈)를 포함한 회사
의 중역들과 함께 회의를 한다. 코헨은 시장이 알아버리기 전에 즉
시 모든 가치가 하락된 채권을 팔아치울 할 것을 제안하고 툴드는
이에 동의한다. 로저스는 하락된 채권을 판매할 경우 금융 권 내에
서 리스크를 극대화시키고 회사의 고객들과의 관계만 악화시킨다며
반대한다. 또한 로저스는 코헨에게 이 불량 채권을 판매하기 시작하
면 고객들이 곧 회사의 의도를 알게 될 것이라고 경고한다.

해고된 데일과 간신히 연락이 닿자 윌 에머슨은 회사가 데일의 퇴

직금과 다른 혜택을 보장한다는 조건으로 오늘 하루만큼은 회사에 돌아올 것을 설득한다. 윌은 세스에게 솔직하게 세스도 해고될 것이지만 거액의 퇴직금을 받을 것이라 설명하고 또 전체적인 거래 시스템이 조작되었다는 사실도 이야기한다. 그러는 도중 로버슨, 코헨과 툴드는 이 위기가 발생하기 몇 주 전에 이 리스크에 관해 알고 있었다는 사실이 밝혀진다. 툴드는 로버슨의 사임과 직원들의 희생으로 이 사태를 수습할 것을 제안한다. 데일과 로버슨은 그 날 사무실에 계속 남을 것과, 그 답례로 주어질 후한 보상에 대해 언급하지 않을 것을 지시 받는다. 로버슨은 이 위기에 미리 대처하지 않은 것에 대해 크게 후회한다.

처음에 반대하던 로저스는 결국 CEO 툴드의 설득으로 채권의 판매에 동의한다. 로저스는 부하 직원들에게 채권을 판매함으로써 자신의 커리어는 끝나겠지만 충분한 보상이 뒤따를 것을 약속한다. 회사는 구매자들의 의심에도 불구하고 급매(fire sale)를 시작한다. 거래 시간이 끝나자 다시 한 번 직원들이 해고된다. 로저스는 툴드에게 다가가 사직하겠다고 말하지만, 툴드는 현재의 사태가 과거에 있었던 주가의 폭락과 별반 다를 것이 없고 급격한 변동은 경제 순환의 일부라 주장하며 로저스의 요청을 받아들이지 않는다. 오히려 그는 로저스에게 이 위기를 통해 많은 금전적 이득을 얻게 될 것이라며 회사에 2년 더 남아 줄 것을 제안한다. 또한 툴드는 로저스에게 설리반을 승진시킬 것임을 통고한다. 거액의 연봉을 받아왔지만 여전히 돈이 필요한 샘 로저스는 툴드의 이 제안을 받아들인다.

영화의 마지막 장면에서, 로저스는 한 밤 중에 자신의 죽은 개를 전처의 앞마당에 묻는다. 또한 그녀를 통해 아들의 금융회사가 큰 타격을 입었지만 그 날의 거래에서 살아남았다는 사실을 알게 된다.

주택 담보 대출 시장의 요지경: 영화 『빅 쇼트』(*The Big Short*)

크리스천 베일, 스티브 커렐, 라이언 고슬링, 브래드 핏 등 할리우드 최고의 배우들이 열연한 영화 『빅 쇼트』는 2008년 미국의 금융 위기를 초래한 주택 가격 거품 현상과 주택 담보 대출을 소재로 한 작품이다. 영화 속에는 세 개의 다른 스토리가 동시에 진행되지만 구성이 겹치지 않고 주택 시장의 붕괴라는 공통된 주제로 연결된다. 어려운 경제 용어 때문에 이해하기 어려운 측면이 있지만 이 영화는 복마전 같은 미국의 금융 시장을 사실적으로 고발한다.

마이클 버리 스토리

2005년 괴짜 헤지 펀드 매니저 마이클 버리(크리스천 베일)는 미국의 주택 시장이 위험성이 큰 서브프라임 대출로 이루어져 굉장히 불안정하다는 사실을 알게 된다. 2007년 2/4분기에 변동 주택 담보 대출의 금리가 오르며 시장이 붕괴할 것을 예측하지만, 그는 이익을 창출할 기회를 찾아낸다. 그의 계획은 신용부도 스와프 시장을 생성하여 시장기반을 한 모기지 담보증권을 상대로 투자를 하는 것이다. 버리는 자기의 계획을 주요 투자 은행과 상업 은행에 제안하며 은행들은 이를 받아들인다. 10억 달러를 초과하는 버리의 장기적인 투자는 은행에 상당한 월납보험료를 지불하는 것과 다름없다. 그는 나중에 은행이 주요 사채 회사와 공모하여 가치 없는 채권의 등급을 유지하여 진가가 공개되기 전에 즉시 판매하려는 의도를 알아낸다. 결국 주택 시장은 붕괴하고 그의 펀드 가치는 489%나 증가하여 총 수익이 2.69억 달러로 급증한다. 그러나 그는 엄청난 비판을 받고는 자기 자신에게 혐오감을 느낀 나머지 펀드를 폐쇄해 버린다.

프런트 포인트 스토리

도이치 은행 판매원 제러드 베넷(라이언 고슬링)은 버리에게 초기에 신용 부도 스와프를 판매한 은행가를 통해 버리의 분석을 가장 먼저 이해한 사람들 가운데 하나이다. 베넷은 금융 시장 분석가를 이용해 버리의 예측이 사실일 가능성이 높다고 판단하여 자신의 지분도 시장에 내놓아 모기지 본드가 붕괴하면 이익을 얻게 될 기업에

스와프를 판매하여 수수료를 받는다. 잘못 걸린 전화 덕분에 헤지 펀드 매니저 마크 바움(스티브 커렐)에게 이 정보가 입수되고, 바움도 은행에 대한 개인적인 혐오감 때문에 베넷으로부터 신용부도스와프를 구매하기로 결정한다. 베넷은 서브프라임 론이 자산담보부증권(CDO)으로 포장되어 AAA등급으로 올라 더욱 영구화될 것이라 주장한다.

바움은 자신의 직원들에게 마이애미 주택 시장 조사를 맡긴 뒤 모기지 브로커들이 위험한 담보를 월가 은행에 판매하여 거품이 생기게 한 것을 알게 된다. 2007년 초반에 이 대출들이 채무 불이행 상태에 도달하지만 CDO 가격은 여전히 오른다. 그러나 신용 평가 기관들은 이 하락하는 채권의 등급을 낮추려 하지 않는다. 바움은 스탠다드 & 푸어스 사의 한 관계자를 만나 의견 충돌을 벌이면서 신용 평가 기관들이 정직하지 못하다는 사실을 알게 된다.

바움의 직원들이 베넷의 동기를 궁금해 하자, 베넷은 바움과 그의 팀을 라스베가스에서 열리는 미국 증권 포럼에 초청한다. 바움은 투자 증권을 대신해서 CDO를 만드는 매니저 윙 차우를 인터뷰 한다. 차우는 인위적인 CDO가 불완전한 담보에 대한 연쇄적인 투기를 발생시켜 담보의 최대 20배의 금액으로 상승한다고 설명한다. 바움은 이러한 사기 행위가 세계 경제를 붕괴시킬 것을 예상하면서도 은행들이 이 위기에 대한 책임을 지지 않으리라는 사실에 개탄한다.

브라운필드 펀드 스토리

젊은 투자자 찰리 겔러와 제이미 시플리는 우연히 베넷의 투자 설명서를 발견하고서 스와프에 연관되게 된다. 그들의 전략은 저렴한 보험을 사서 많은 보험금을 받아낼 수 있는 것과 흡사하다. 그들은 은퇴한 증권 거래업자 벤 리커트(브래드 핏)의 도움을 받는다. 채권의 가치와 CDO의 가격이 디폴트 상태임에도 불구하고 오르자, 겔러는 은행이 사기를 친다고 의심한다. 세 사람은 미국 증권 포럼에 참석하여 미국 증권거래위원회가 모기지를 기반으로 한 증권 거래를 규제하지 않는다는 사실을 알게 된다. 그들은 등급이 높은 담보 증권을 삭감하여 다른 헤지 펀드보다 더 큰 이득이 되는 거래를 성사시킨다. 겔러와 시플리는 기뻐하지만, 리커트는 곧 경제 붕괴가 임박하고 1%의 실업률 증가가 40,000명의 죽음을 몰고 온다고 경고한다. 두 사람은 놀라 언론과 가족에게 다가오는 참사를 경고하고 은행의 사기 행위를 고발하려 한다. 주택 시장이 붕괴하기 시작하자 영국으로 여행을 떠난 벤은 스와프를 대부분 UBS에 판매한다. 최종적으로 그들은 8천만 달러의 이윤을 남기지만 금융 시스템에 대한 신뢰를 잃어버린다.

영화는 에필로그에서 주인공들의 미래를 공개한다. 제라드 베넷은 스와프를 판매하여 4천7백만 달러의 이윤을 남긴다. 마크 바움은 이 참사를 통해 더욱 자애로워지고 직원들의 협조로 계속 회사를 운영할 수 있게 한다. 찰리 겔러와 제이미 시플리는 신용 등급 회사들을 상대로 한 소송에서 패하고 난 다음 제각기 갈 길을 찾아 간다. 찰리는 노스 캐롤라이나 주 샬롯으로 이사해 가정을 꾸리고 제이미는 계속 펀드를 운영한다. 벤 리커트는 다시 평화로운 은퇴의 삶을 돌아가고 마이클 버리는 물과 관련된 상품에 투자를 한다.

햄버거의 불편한 진실: 영화 『패스트 푸드 네이션』(*Fast Food Nation*)

영화 『패스트 푸드 네이션』(2006)은 미국인들이 즐겨 먹는 햄버거의 원료 공급과 제조 과정을 둘러싼 불편한 진실을 보여주는 작품이다.

돈 앤더슨(그레그 키니어)은 "빅원"(Big One)이라는 메뉴를 개발한 미키 햄버거 체인의 마케팅 담당자이다. 그러나 햄버거 고기에 소의 대변이 발견된 것을 알게 된 뒤, 그는 콜로라도 주의 코디라는 마을을 찾아가 미키 햄버거에 원료를 공급하는 유니 글로브 사의 소 도축 과정에 비위생적인 측면이 존재하는 지 여부를 조사한다. 그러나 돈은 모든 과정이 완벽하다고 주장하는 가이드의 안내로 위생적이고 효율적인 생산 과정만을 목격하는 것에 그친다.

의심을 품은 돈은 유니 글로브의 공급자였던 목장 주인 루디 마틴을 만난다. 루디는 유니 글로브사의 공장 직원들이 동물의 대장에서 배출되는 오물을 제대로 걸러내지 못하는 등 수많은 안전 규정을 위반하고 있다고 실토한다. 돈은 미키 햄버거의 부사장 해리 라이델(브루스 윌리스)을 만나지만 해리는 이 문제를 알고 있으면서도 별다른 조치를 취하지 않는다.

한편 앰버는 어머니와 함께 살며 대학 진학을 염두에 둔 긍정적인 사고의 미키 햄버거 직원이다. 그녀는 자신의 현재 일자리와 궁극적 목표와의 차이 때문에 고민한다. 앰버와 신디를 방문한 신디의 오빠 피트는 앰버에게 빨리 이 도시를 떠나 진정한 경력을 시작할 것을 권유한다. 앰버는 사회 운동가 단체 인원들인 앤드류, 앨리스와 파코를 만나 부도덕한 기업에 대한 항의의 표시로 유니 글로브 사가 사육하는 소들을 풀어주려 한다. 소들이 전혀 도망 칠 기색을 보이지 않자 당황한 이들은 경찰 사이렌 소리가 들리자 도주한다.

라울, 실비아, 코코는 콜로라도로 향하는 멕시코의 불법 이민자들이다. 이들은 유니 글로브를 찾아가 취업을 하려고 한다. 라울은 청소부, 코코는 육류 가공 컨베이어 벨트에서 작업하는 일을 구하게 된다. 실비아는 그러나 이곳에 취직하지 못하고 다른 호텔의 청소부로 일한다. 코코는 마약 중독에 빠지게 되며 그녀를 착취하는 상관 마이크와 성관계를 갖는다..

공장에서 사고가 발생해 라울의 친구 한명이 기계에 걸려 다리를 다치게 된다. 라울은 친구를 구하려다 넘어져 크게 다친다. 병원에서 실비아는 라울이 공장에서 마약성분의 암페타민을 복용한 상태로 근무했다는 사실을 알게 된다. 라울이 더 이상 일을 할 수 없게되자 실비아는 유니 글로브에서 일자리를 구하기 위해 마이크와 섹스를 하지만 결국 그녀는 공장에서 가장 위험한 "죽음의 층"으로 배치되고 만다.

회사로 돌아온 돈은 위생 상의 문제점을 봉합하고 신제품 햄버거 빅 원의 출시에 협조하는 것으로 영화는 끝이 난다.

미국 금융 자본주의의 민낯: 영화 『자본주의: 러브 스토리』
(*Capitalism: a Love Story*)

　미국은 명실상부한 세계 최강국이다. 세계 인구의 5퍼센트에 불과한 미국인들이 전체 에너지 생산량의 20 퍼센트를 넘게 사용하는 풍요로운 소비의 국가이다. 그러나 2008년 리먼 브라더스의 파산으로 시작된 월가의 금융 위기는 미국 경제뿐만 아니라 세계 경제를 공황 상태에 빠뜨렸고 나아가 미국식 금융 자본주의에 대한 심각한 회의를 불러 일으켰다. 9/11 테러 사건 이면의 복잡한 정치적 메커니즘을 고발한 『화씨 911』, 전세계적으로 유일하게 전국민 의료보험이 시행되지 않는 미국의 치부를 드러낸『씨코』, 끊임없이 이어지는 총기 사건에도 불구하고 해결책을 마련할 수 없는 미국의 무기력함을 들추어낸『보울링 포 콜럼바인』등의 다큐멘터리 영화들로 적잖은 파장을 일으킨 감독 마이클 무어는 2009년 작품『자본주의: 러브 스토리』에서 금융자본주의의 메카인 월 가를 향한 분노를 예외 없이 표출한다.

미국은 이차대전 이후 경쟁국들의 산업기반이 철저하게 파괴된 덕분에 유례없는 호황을 맞으며 초강대국으로 급부상한다. 소비가 미덕이 되고, 인격 보다는 재산의 정도가 인간의 판단 기준이 되는 미국식 자본주의가 급속하게 발전하는 것에 대해 지미 카터 같은 양식 있는 정치가가 경고를 하는 일도 있었다. 그러나 1980년대 침체된 미국 경제를 되살리겠다는 공약으로 대통령에 당선된 레이건은 기업가들과 금융 자본가들을 등에 업고 이른바 '미국 기업'(Corporate America)의 건설을 가속화한다. 그 결과로 얻어진 기업들의 경영 개선과 수익 증가가 사실은 근로자들의 대량해고와 근로 시간의 연장, 복지 혜택의 축소에 의해 가능했다는 것을 지적하면서, 무어 감독은 근로자들을 쥐어 짜내서 이윤의 극대화를 추구하는 자본주의가 예수 그리스도의 가르침을 어기는 반종교적이며 비인간적인 제도임을 고발한다. 돈 많은 자본가가 더 많은 권력과 발언권을 차지해야 한다는 금권정치 (plutocracy)를 제안하는 시티그룹 내부 문서를 들추어내면서 무어 감독은 미국의 자본주의가 사실은 민주주의의 이상과도 배치된다고 비판한다.

2008년의 금융 위기를 맞아 주가가 폭락하고 대형 투자 은행들이 도산 직전의 상황에 처하게 되자 미국 정부는 위기감을 조성하고 의회를 설득해서 7천억 불에 달하는 막대한 공적 자금을 투입해 이들을 되살린다. 그 덕분에 은행들은 회생했지만 은행에 돈을 갚지 못해 집을 차압당하고, 공장이 문을 닫아 밀린 임금을 받지 못한 서민들은 여전히 하루하루를 고통 속에서 살아간다. 영화의 후반부는 시카고에서 일어난, 공장 근로자들의 생존을 향한 처절한 몸부림을 소개한다.

공장이 파산하여 임금과 퇴직 수당을 받지 못한 노동자들은 공장에 기거하며 투쟁을 벌려나간다. 구제 금융을 받은 은행의 임원들이 막대한 보너스까지 챙기는 도덕적 해이가 진행되는 동안, 한편에서는 노동자들이 가족의 생계를 위협받는 처참한 상황이 벌어지고 있는 것이다. 이들을 돕기 위해 전국 각지에서 몰려든 자원 봉사자들의 노력과 대통령에 당선된 오바마의 지원 연설 등에 힘입어 노동자들은 결국 체불된 임금과 퇴직 수당을 지급받고 가족들의 품으로 돌아간다. 그러나 이들의 작은 승리에도 불구하고 60여 년 전 루즈벨트 대통령이 제2의 권리장전을 통해 요청했던 "쓸모 있는 직업, 살만 한 집, 충분한 의료혜택, 좋은 교육"의 실현은 여전히 요원하고, 혜택 받은 소수만이 배를 불리는 미국 자본주의 체제 속에서 서민들의 삶은 갈수록 궁핍해질 뿐이다.

영화의 막바지에 마이클 무어는 월 가의 대형 은행들을 찾아다니며 그들이 받았던 막대한 구제 금융을 국민들에게 되돌려줄 것을 요구한다. 그에 눈에는 서민들의 삶을 고통 속에 몰아넣고, 국민들의 혈세로 되살아나서는 언제 그랬냐는 듯 다시 군림하는 대형 은행들이 흉물스런 범죄 집단으로 비쳐지기 때문이다. 이 영화가 하나의 단초가 되어 2011년 가을부터 시작되었던 "월 가를 점령하라"(Occupy Wall Street)는 항의 시위는 99%의 서민들을 고통 속에 몰

아넣고도 최상위 1%는 주머니를 두둑하게 채우는, 부조리한 금융자
본주의 시스템을 겨냥한 것이다.

"월가를 점령하라" 시위대의 모습

4. 미국의 정치

전통적으로 미국인들은 정부가 개인의 자유를 침해한다는, 정부에 대한 강한 의구심을 품고 있다. 정부가 커지고 강해질수록 개인의 자유가 위험해질 수 있다는 것이다. 미국 독립에 결정적 영향을 미친 Thomas Paine은 "Government even in its best state is but a necessary evil; in its worst state, an intolerable one." 이라 하였고 19세기 미국의 철학자이며 자연과학자 Henry David Thoreau 또한 "The government is the best which does not govern at all."이라 주장하였다. 미국의 정부는 국민의 행복을 보장하기 위한 정부의 역할과 간섭, 자유를 침해 받지 않으려는 국민의 우려와 저항 사이의 균형을 맞추려는 방향으로 발전되어 왔다.

(1) 미국 정부의 구성

1) 미국 정부는 상하 양원의 의회(The Congress), 대통령(the President), 그리고 최고연방법원(the Supreme Court)으로 구성되며 상호 견제와 균형(checks and balances)을 추구한다.

2) 대통령의 선출

미국의 대통령은 중임제로서 선거는 4년 마다 11월 첫째 화요일에 실시된다. 대통령의 선출 방식은 직접선거와 간접선거를 절충한 형태로서 각 주마다 유권자들이 선거인단(the electoral college)을 뽑고 선출된 선거인단이 대통령을 선출하는 형식을 취한다. 각 주의 선거인단의 숫자는 하원의원과 상원의원을 더한 숫자와 일치한다. 한 주에서 유권자가 선택한 선거인단의 득표(popular votes)가 한 표라도 많을 경우 그 주의 선거인단은 특정 후보가 독점하는 이른바 승자 독식의 원칙이 적용된다. 그 결과 득표는 더 많이 했으면서 확보한 선거인단 숫자가 적어 낙선하는 사례가 발생하는데 그 대표적인 경우가 2000년 대선에서 공화당(Republican Party)의 Goerge W. Bush 후보에 패배한 민주당(Democratic Party)의 Al Gore 후보와 2016년 공화당의 Donald Trump에게 패배한 민주당 Hilary Clinton 후보이다.

3) 의회의 구성

워싱턴 DC의 의사당 전경

미국 의회는 임기 2년의 435명의 하원의원(Congressman)들로 구성된 하원(the House of Representatives)과 임기 6년의 상원의원(Senator)들로 구성된 상원(the Senate)으로 구분된다. 하원의원은 인구 비례에 따라 결정된 선거구에서 선출하며 상원의원은 인구에 상관없이 각 주에서 2명씩 선출한다. 하원 의원을 뽑는 시기마다 상원의원 가운데 1/3이 선출되는데 이를 "staggering"이라고 표현한다. 이는 정책의 일관성을 유지하기 위한 제도이기도 하다.

4) 최고 연방 법원의 역할

최고연방 법원의 가장 큰 역할은 의회에서 만들어진 법이 헌법과 합치하는지의 여부를 최종적으로 판단하고 결정하는 것이다.

(2) 크고 강한 정부와 복지 정책

일반적으로 공화당은 자유로운 기업 활동과 작은 정부를 선호하는 반면 민주당은 기업을 규제하고 큰 정부를 선호하는 성향을 보여준다. 미국은 전통적으로 작은 정부를 지향해왔지만 1930년대 대공황을 거치면서 크고 강한 정부의 필요성이 대두되었다. 또한 1960년대 들어 민주당의 Johnson 행정부가 복지 국가(Welfare State)를 표방하면서 국민의 복지 증진을 위한 정부의 개입과 역할이 확대되었다. 은퇴자에게 은퇴 급여를 제공하고 실업자를 구제하며 빈곤층과 노년층에 의료혜택을 지원하기 위해서는 정부의 역할이 커질 수밖에 없기 때문이다. 빈곤층을 도와주기 위한 복지 제도 즉 welfare system과는 달리 근로자가 근로 기간 동안 적립한 금액을 바탕으로 은퇴 후에 받는 Social Security를 entitlement라고 표현한다.

(3) 새로운 개인주의와 이익 단체(Interest Group)

이익 단체 또는 압력 단체(pressure group)는 정부에 압력을 가해 개인의 목표를 달성하기 위한 하나의 정치적 도구이다. 각 개인이 정부에 영향을 미치기는 어려우므로 이익 단체를 구성하여 자신의 정치적 의사를 전달한다. 자신의 이해와 관련된 사안에 초점을 맞추기 때문에 정치적 이기주의로 흐를 수 있고, 자신의 이해를 대변하는 의원들에게 후원금을 지원함으로써 "We have the best government that money can buy."라는 말이 암시하듯이 정치를 돈에 종속시킬 수 있는 우려가 있지만 이익 집단은 국민 각자가 정치적 의사를 표현하고 관철시킬 수 있는 중요한 수단이다.

2010년 최고 연방 법원의 결정에 따라 기업, 개인, 노조가 Super Pac(Political Action Committees)을 통해 특정 후보에게 무제한적인 기부금을 후원하는 것이 가능해졌다. Super Pac이란 미국의 억만장자들로 이뤄진 민간 정치자금 단체로서 캠프에는 소속되어 있지 않고 외곽에서 선거 지지활동을 벌이는 조직이며, 합법적으로 무제한적 모금이 가능하다. 무제한으로 기부를 할 수 있으나 후보나 정당과의 접촉, 협의가 금지된다는 점에서 기존의 Pac과 차이가 난다.

(4) 2000년대 미국의 정치 풍토

1) 미국은 양대 정당인 공화당과 민주당의 정강 정책 및 정치적 지지자들에 의해 크게 세 가지의 분리 현상이 나타난다.

첫째, 전통적으로 공화당을 지지하는 백인들과 민주당을 지지하는 유색 인종들 사이의 인종적 분리가 존재한다.

둘째, 정부의 크기와 역할을 둘러싸고 양 당 사이의 이념적 분리 현상이 나타난다.

셋째, 가치와 도덕, 생활양식을 둘러 싼 문화적 분리 현상이 존재한다. 낙태, 동성 결혼, 동성애자의 권리 등을 놓고 보수적 공화당과 진보적 민주당 사이에는 차이가 드러난다.

2) 초기 역사부터 미국인들은 개인주의에 대한 애착과 공동체의 존중 사이의 긴장 속에서 살아왔다. 오바마 대통령의 다음과 같은 연설은 미국의 이 두 가지 핵심적인 가치 사이의 균형이 필요함을 표현한다.

> "국가 탄생의 첫 날부터 우리는 자유로운 시장과 기업을 미국의 부와 번영의 동력이라고 믿어왔습니다. 다른 나라의 국민들보다 우리는 지나치게 큰 정부에 대한 건강한 의구심을 지닌 거친 개인과 자립적인 국민인 것입니다. 그러나 우리의 역사에는 늘 또 하나의 실타래가 존재했습니다. 그것은 우리는 모두 서로 연결되어있고 한 국민으로서 함께 해야만 이룰 수 있는 것들이 존재한다는 믿음인 것입니다. . . .내가 아는 미국은 관대하고 동정적입니다. 기회와 낙관적 정신의 땅입니다. 우리는 우리 자신과 상대방에 대해, 우리가 원하는 나라와 우리가 함께 할 미래에 대해 책임이 있습니다."

> "From our first days as a nation, we have put our faith in free markets and free enterprise as the engine of America's wealth and prosperity. More than citizens of any other country, we are rugged individuals, a self-reliant people with a healthy

skepticism of too much government. But there has always been another thread running throughout our history—a belief that we are all connected; and that there are some things we can only do together, as a nation. . . .The America I know is generous and compassionate; a land of opportunity and optimism. We take responsibility for ourselves and each other; for the country we want and the future we share."

소박한 말의 정치적 위력: 영화 『정원사 챈스』(Being There)

정치가들은 대체로 능란한 말솜씨를 자랑한다. 진솔한 말보다는 비유적이고 암시적인 표현이 그들의 주무기이다. 때로는 정도가 지나쳐 정치판에는 '말장난'(playing games with words)이 난무하기도 한다. 국회의원이 한동안 몸담았던 정당을 뛰쳐나가면서도, 이를 '발전적 해체'나 '창조적 파괴'를 위한 용단이라고 역설한다. 이처럼 의미 없는 수사법이 넘쳐나는 정치판에 진솔하고 소박한 말이 때로는 신선한 충격을 주기도 한다. 폴란드 출신의 미국 소설가 저지 코진스키의 원작을 영화로 만든 『정원사 챈스』(1979)는 야릇한 수사법으로 얼룩진 정치 현장을 통렬하게 풍자하는 좋은 고전 영화이다.

언제 어디에서 왔는지 아무런 기록도 없이, 오랫동안 정원사로 일해 온 챈스(피터 셀러즈)는 집주인이 죽자 하루아침에 길거리로 내몰린다. 글을 읽지도 쓸지도 모르고 일체의 바깥출입도 않은 채, 오로지 TV를 통해 세상을 이해하며 제목처럼 그저 '거기 있을'(being there) 뿐이었던 챈스는 복잡한 워싱턴 거리를 방황하다가 교통사고를 당한다. 정계의 거물 벤자민 랜드의 부인 이브(셜리 매클레인)가 탄 자동차에 다리를 다친 챈스는 치료를 받는 동안 랜드의 저택에 머물게 되면서, 이제껏 경험하지 못한 새로운 세계와 마주하게 된다.

이름처럼 난 데 없이 우연히 나타난 챈스는 워싱턴 정가의 실세이며 킹메이커로 활약해 왔지만 악성빈혈로 사경을 헤매는 랜드에게 차츰 위안을 주는 존재로 변해간다. 권모술수로 얼룩진 정치가들에게 환멸을 느껴온 랜드에게 챈스의 가식 없는 태도와 소박한 말은, 그가 밀폐된 치료실에서 매일 마셔야만 하는 산소보다 더욱 신선하게 느껴졌기 때문이다. 평생 정원을 돌보며 쌓은 지식이 전부인 챈스는 랜드를 문병하러 온 대통령을 만난 뒤, 일약 워싱턴 정가에 혜성처럼 나타난 유명인으로 탈바꿈한다.

어려운 국가경제 사정 때문에 재선이 불투명해진 나머지 정치적인 조언과 후원을 구하려 찾아온 대통령에게 랜드는 챈스를 소개한다. 그를 경제전문가로 착각한 대통령이 일시적인 경기 부양책의 성공 가능성을 묻자 챈스는 이렇게 답한다.

"성장에는 계절이 있습니다. 먼저 봄과 여름이 오지만, 이윽고 가을과 겨울이 닥치지요. 그리고는 다시 봄과 여름이 찾아옵니다. 봄에는 성장이 있을 것입니다!"

"Growth has its seasons. First comes spring and summer, but then we have fall and winter. And then we get spring and summer again. There will be growth in the spring!"

아는 것이라고는 정원 가꾸기가 전부인 챈스가 엉겁결에 내뱉은 이 말에서 대통령은 의외의 영감과 희망을 얻는다.

대통령은 의회에서 챈스의 말을 교묘히 인용하여 경제의 기반이 튼튼하다면 일시적인 불황이 크게 문제될 것이 없다는 취지의 연설을 함으로써 많은 호응을 얻는다. 또한 대통령의 연설 도중 챈스의 이름이 거론되면서 그는 하루아침에 언론의 집중 조명을 받는 명사로 떠오른다. 출연한 TV 쇼나 랜드를 대신해 참석한 정치적 모임에서 챈스가 문득문득 뱉는 말들이 연일 화젯거리가 된다.

주목할 것은 유명세를 타면서 그가 하는 단순한 말들이 정도를 넘어 확대해석 된다는 사실이다. 예를 들어 책을 출간하자는 요청에 말 그대로 "글을 읽을 줄도 쓸 줄도 모릅니다"(I can't read. I can't write.)라는 챈스의 대답은 바빠서 신문조차 "읽을 시간이 없는데 책을 쓸 시간이 어디 있겠느냐"는 의미로 변질되고 마는 것이다. 챈스의 소박한 말들이 정치적인 예지를 담은 명언으로 전파되면서, 급기야 대통령은 그를 자신의 재선을 가로막을 최대의 정치적 라이벌로 경계하기 시작하고, 랜드의 장례식에 모인 정치 실세들은 인기가 떨어진 대통령 대신 챈스를 새로운 후보로 거론하기 시작한다.

우연히 나타나 단순히 거기 있을 뿐인 챈스를 둘러싼 주위 사람들의 호들갑스러운 반응을 보여줌으로써, 영화는 단순함을 단순함으로 받아들이지 못하는 정치가들의 비틀린 사고를 맘껏 풍자한다. 정치란 결코 현란한 수사법의 향연이 아니다. 진실한 정치가는 국민을 화초처럼 정성껏 돌보는 소박한 정원사여야 한다.

워싱턴 정가의 이면: 영화 『컨텐더』(*The Contender*)

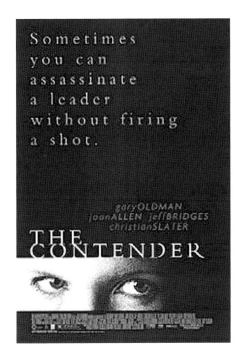

영화 『컨텐더』(2000)는 대통령이 여성 부통령을 지명하는 과정에서 펼쳐지는 미국 정치의 부도덕성을 그려낸 정치 드라마이다.

두 번 째 임기에 접어든 미국의 민주당 대통령 잭슨 에반스(제프 브릿지스)는 부통령의 갑작스러운 사망으로 인해 새로운 부통령을 선택해야 한다. 강으로 뛰어들어 익사하는 여성을 구해내는 용기를 보여준 버지니아 주지사 잭 해서웨이가 최적의 후보로 떠오른다. 그러나 대통령은 아무도 예상치 못한 민주당의 오하이오 여성 상원 레인 핸슨(조안 앨런)을 새로 임명한다. 부통령을 임명하기 위해서는 미국 헌법 제25조에 따라 상하 양원에서 승인이 필요한데 핸슨이 자격이 없다고 생각하는 공화당 소속 일리노이 하원 의원이며 하원 법사 위원장인 쉘던 루년(개리 올드먼)이 그녀의 걸림돌로 작용한다. 그는 핸슨의 과거를 조사해 그녀가 대학교 때 sorority(여학생 친목회) 가입식 행사에서 벌어진 섹스 파티에 가담했던 사진을 문제 삼는다. 이에 민주당의 대표 레지날드 웹스터(크리스천 슬레이터)도 핸슨에 대한 루년의 반대의사를 지지한다.

청문회가 시작되면서 위원장인 루년은 부통령 지명자 핸슨의 과거 섹스 파티를 언급한다. 핸슨은 이 사건에 대해 함구하며 시인도 부인도 하지 않으면서 오히려 이를 정치적인 이슈로 전환하려 한다. 핸슨의 과거 흑 역사에 국민들이 관심을 갖지 않을 것을 우려한 루년은 언론을 상대로 그녀의 과거 행동이 돈을 목적으로 한 매춘 행위이었을지 모른다며 악 소문을 퍼트린다.

핸슨은 에반스 대통령의 행정부가 더 이상 추문에 말려 망신을 당하지 않도록 대통령을 만나 부통령 지명 철회를 요청한다. 행정부의 바람에도 불구하고 그녀는 루년의 비난에 반론을 제기하지 않는다. 결국 에반스는 루년에게 핸슨을 부통령으로 지명하지 않겠다고 공언하고 루년은 해서웨이를 후임자로 추천한다. 루년은 에반스가 해서웨이를 차기 부통령 후임자로 선택하면 위원회에서 그에 대해 공격하지 않겠다고 약속한다. 그러나 에반스는 루년에게 해서웨이를 보호하겠다는 공식적인 각서를 요구한다.

핸슨, 해서웨이, 루년을 모두 백악관으로 초대한 대통령은 해서웨이가 운전자를 매수하여 그녀가 일부러 자동차를 강물로 추락시켜 자신의 지지율을 상승시키려 했다는 FBI 조사 결과를 보여줌으로써 세 사람을 충격에 빠트린다. 결국 해서웨이는 체포되고 불과 몇 시간 전에 해서웨이를 지지하였던 루년은 크게 망신을 당한다. 에반스는 핸슨을 만나 그녀가 그날 밤 대학교에서 무슨 일이 일어났는지를 공개한다. 그녀가 여학생 친목단체에서 가입식 행사를 벌이던 중 두 남성과 성행위를 하려던 것은 사실이지만 마음을 바꿔 실제 아무 행위를 하지 않았다는 사실을 공개한다. 그러나 그녀는 자신의 결백을 주장하지 않으려 한다. 에반스는 의회에게 연설을 하면서 핸슨의 임명을 방해한 민주당, 공화당 양당의 정치인들을 비난하며 그 가운데서도 특히 노골적으로 루넌을 지목한다. 핸슨은 더 이상 논란이 계속되지 않도록 부통령 직 수락을 거부하지만 에반스는 단호한 태도로 즉시 그녀를 부통령으로 인준하기 위한 표결을 요청한다. 의원들이 박수를 치는 것으로 영화는 끝이 난다.

이라크 침공의 정당성을 묻다: 영화 『화씨 9/11』(*Fahrenheit 9/11*)

마이클 무어 감독의 『화씨 9/11』은 9/11 테러 공격을 놓고 조지 W. 부시 대통령과 그가 벌인 테러와의 전쟁, 그리고 이에 대한 언론의 보도를 비판하는 다큐멘터리 영화이다. 무어 감독은 미국의 언론이 2003년 이라크 침공을 치어 리더처럼 응원했을 뿐 전쟁의 명분이나 사상자에 대해 정확한 분석 보도를 하지 않았음을 지적한다. 이 영화의 내용을 둘러싸고 많은 논란이 있었지만 2004년 칸 국제영화제에서 무어 감독은 20분간 기립 박수를 받았다.

영화는 폭스 뉴스에서 조지 부시의 지지자들이 2000년 미국 대선에서 부시의 승리를 너무 일찍 선언했던 사실로부터 시작한다. 이어서 영화는 플로리다 주의 재개표가 부정선거의 사례라고 주장한다.

무어 감독은 9/11 테러가 발생하자 부시 대통령이 비행기가 맨하탄의 세계 무역 센터 건물에 충돌한 사실을 인근 초등학교에 방문하는 길에 처음으로 듣게 되었다고 말한다. 부시가 교실에서 아이들과 함께 있는 모습이 비쳐진다. 몇 분 뒤 두 번 째 비행기가 충돌했다는 사실이 보고되고 미국이 공격을 당했다는 사실을 전해들은 부시는 아이들에게 계속 책을 읽으라고 권유하며 본인 스스로도 7분 동안 독서를 했다고 한다.

무어 감독은 부시 일가를 포함한 미국 정부와 빈 라덴 집안, 사우디 아라비아 정부와 탈레반의 30년 동안 지속된 복잡한 관계에 대해 설명한다. 무어는 미국 정부가 24명에 달하는 빈 라덴 가족을 테러 공격 직후 비밀리에 비행기로 대피시켰다고 주장한다.

이어서 무어 감독은 부시 대통령의 공군 복무 기록을 점검한다. 무어는 부시의 석유 유정 사업이 중개인 제임스 R. 바스를 통해 사우디와 빈 라덴 가로부터 일부 금전적인 지원을 받았다고 주장한다. 무어는 이런 논란이 부시 정부가 미국 국민의 이익에 관심이 없다는 증거라고 주장한다. 영화는 아프가니스탄 전쟁의 몇 가지 드러나지 않은 동기에 대해 설명한다. 그 중 하나가 아프가니스탄에서 인도양으로 이어지는 천연 가스 파이프라인이다.

무어는 부시 정부가 대중 매체를 통해 미국인들에게 공포감을 조성했다고 주장한다. 이어서 그는 이라크 전쟁 이전과 이후의 이라크 국민들의 삶을 비교한다. 이라크 국민은 미군의 침공 이전에 전반적으로 행복한 삶을 살았다고 묘사하면서 영화는 이라크 침공을 지지하는 언론의 보도와 뉴스 보도 매체와 기자들의 발언을 인용한다. 무어는 또한 미군이 포로를 학대하는 영상을 보여주며 이러한 잔혹

한 행위가 계속 이어질 것이라 말한다.

영화의 후반에는 2003년 4월 2일 카르발라에서 전사한 어느 미국 병사의 가족이 전사 통보를 받고 고통스러워하면서 전쟁의 목적에 의문을 제기하는 모습을 화면에 담는다. 무어는 복무 중인 미군 장병들을 칭찬하면서 미국의 가난한 가정들에서 자란 젊은이들이 가장 먼저 입대하기 때문에 상류층은 신경을 쓸 필요가 없게 된다고 주장한다. 무어는 이처럼 소중한 젊은이들이 미국을 방어하는 필연적인 이유가 아니면 타국의 전선에 파병되어 목숨을 바칠 필요가 없다고 말한다.

무어는 이 영화를 세계 무역 센터 공격 때 죽은 자신의 친구와 자신의 고향 미시간 주의 전쟁 참전자들과 아프가니스탄과 이라크 전쟁에서 사살된 수많은 민간 희생자들에게 바친다.

전쟁으로 폐허가 된 이라크의 한 마을

5. 미국의 인종적 다양성

미국은 다양한 인종들로 구성된 국가이다. 미국을 일컫는 표현 가운데 "Melting Pot"은 다양한 인종들이 미국 사회에 동화되어 동질적인 집단을 형성한다는 뜻인 반면 "Salad Bowl"은 다양한 인종적, 문화적 배경을 지닌 이민자들이 같은 공간을 차지하면서도 이질적인 모습을 보여주는 현상을 가리키는 표현이다.

(1) 지배 문화의 형성

미국 독립 혁명 당시 백인 인구는 대체로 중산층의 영국 출신(Anglo-Saxon) 개신교도였다. 흔히 WASP(White Anglo-Saxon Protestant)라 지칭되는 이들이 미국의 지배 집단으로 발전하면서 개인의 자유(individual freedom), 자립(self-reliance), 기회의 평등(equality of opportunity), 경쟁(competition), 노력(hard work), 물질적 성공(material success)이라는 미국의 전통적 가치가 형성된다.

(2) 흑인의 수용과 시민권 운동

한 이민 집단이 지배 집단과 어느 정도 다른가에 따라 그 집단의 수용의 정도가 결정된다면 흑인들이야말로 미국 사회에서 가장 어려운 수용과 동화의 과정을 겪은 인종 집단이 될 것이다. 노예제도가 폐지되고 난 뒤에도 남부 주들에서는 여전히 흑인에 대한 공공연한 차별이 이루어졌다. 교육의 현장, 교통을 포함한 공공시설 등에서 흑백 차별이 발생하였고 흑인에게는 미국 시민으로서 가장 기본적인 투표권이 거부되었다. 그러나 1950, 60년대를 거치면서 마틴 루터 킹 목사와 말콤 X 등 흑인 인권 운동가들의 노력과 흑인 계몽 활동 등을 통하여 시민으로서의 권리를 부여 받았다.

그 동안 지속적인 흑인 차별에 대한 보상책으로 미국 정부는 소수 인종 우대정책(affirmative action)을 실시하여 대학 입학과 공공부문 채용 등에서 흑인에게 혜택을 부여해왔다.

(3) 21세기의 인종적 다양성

인종적으로 다원화된 사회에 걸맞게 미국 의회에는 다양한 인종적 배경을 지닌 정치가들이 진출하였다. 최근의 분포를 보면 535명의 의원들 가운데 흑인은 43명, 라틴계 32명, 아시아계 및 태평양 제도 출신 12명 등이 의석을 차지하고 있지만 전체 인구 구성비를 감안할 때 여전히 인종적으로 균형 잡힌 비율로 보기는 어렵다.

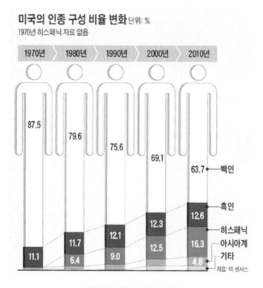

미국의 인종 구성 비율

(4) 보편 국가(universal nation)로서의 미국

미국은 세계 각지에서 이민자들이 단일 정부 아래서 자유롭게 살아가는 인류 역사 상 최초의 보편 국가라고 할 수 있다. *E pluribus unum*(다수로 이루어진 하나)라는 라틴어 표현은 다인종 국가인 미국의 모습을 적절하게 대변한다. 미국은 가까이서 보면 다양한 인종들이 그들만의 고유한 특성을 유지하며 살아가지만 멀리서 보면 뚜렷하고 조화로운 윤곽을 그려내는 모자이크(mosaic) 형태의 국가라고 부를 수 있다.

편견을 넘어선 인간의 이해: 영화 『앵무새 죽이기』
(*To Kill a Mockingbird*)

    오로지 자신의 눈으로만 세상을 바라보면 편견에 사로잡히기 쉽지만 상대방의 시각으로 주위를 둘러볼 때 비로소 그가 처한 현실에 이해심을 갖게 된다. 미국의 여성 작가 하퍼 리(Harper Lee)의 소설을 영화화한 『앵무새 죽이기』(1962)는 편견, 특히 인종적 편견의 위험성을 지적하면서, 진정한 인간 이해에 다가서는 방법을 제시하는 좋은 고전 영화이다.

    1930년대 미국 앨라배마 주 작은 마을, 아내를 잃고 어린 두 남매를 키우며 사는 변호사 애티커스 핀치(그레고리 펙)는 어려운 사건을 떠맡게 된다. 마을의 백인 여자를 성폭행한 혐의로 체포된 흑인 톰 로빈슨의 변호를 맡게 된 것이다. 여전히 인종적 편견에 사로잡힌 미국 남부 사회에서 흑인은 무시와 경멸의 대상이다. 따라서 백인 여자를 해코지한 흑인을 변호한다는 것은 대단한 용기가 필요한 일이다. 예상대로 애티커스는 마을 사람들의 따가운 눈총을 받는다. 하루는 딸 스카웃(Scout)이 학교에서 아이들이 수군대는 말을 듣고 돌아와 아빠에게 꼭 톰을 변호해야 하느냐고 묻는다. 애티커스는 이렇게 대답한다: "만일 하지 않으면 아빠는 마을에서 얼굴을 들고 다닐 수 없단다. 너나 오빠 젬에게 다시는 어떤 일을 하지 말라고 타이를 수도 없어". (If I didn't, I couldn't hold my head up in town. I couldn't even tell you or Jem not to do something again.")

톰이 무죄라는 확신에도 불구하고, 주위의 시선이 두려운 나머지 그를 변호하지 않는 것은 양심을 포기하는 일이다. 양심을 저버린 아빠가 어떻게 자녀들에게 반듯한 행동을 훈육할 수 있겠는가.

과연 애티커스는 법정에서 톰의 결백을 밝혀 보인다. 남의 어려움을 못 본 채 지나치지 않는 톰은 가난한 백인 여자 마옐라의 집을 드나들며 일을 거들어주었다. 건장한 톰에게 이끌린 그녀는 그를 유혹하지만 거절당하자, 그에게 억지로 매달린 것이다. 마침 이 장면을 목격한 마옐라의 아버지 밥은 딸을 심하게 매질하고, 사실이 알려질까 두려운 나머지 톰에게 죄를 뒤집어씌웠던 것이다. 애티커스는 법정에서 톰의 무죄를 입증한 뒤, 어느 누구에게도 해를 끼치지 않은 "이 사람을 가족에게 돌려보내자" (restore this man to his family)고 배심원들에게 간청한다.

그러나 전원 백인들로만 구성된 배심원단은 톰의 유죄를 결정한다. 절망감에 사로잡힌 톰은 도망치다가 총에 맞아 목숨을 잃고 만다. 비통한 표정으로 톰의 가족에게 이 사실을 알리는 애티커스에게 밥은 술에 잔뜩 취한 채 "검둥이 옹호자"라 욕하며 침을 뱉는다. 바라는 대로 되었지만, 재판과정에서 모욕을 당했다고 믿는 밥은 학교 행사를 마치고 밤늦게 집으로 돌아가던 애티커스의 아이들을 공격한다. 그러나 위기의 순간에 아이들은 이웃에 사는 '부' 래들리의 도움으로 목숨을 건진다.

톰과 마찬가지로 '부'도 마을에서 편견의 희생자이다. 사실 그는 전에도 몰래 남매를 여러 차례 위험에서 구해준 적이 있다. 이러한 숨은 선행에도 불구하고, 집안에서만 숨어 지내온 '부'를 마을 사람들은 정신이상자로 취급하고 거들떠보지 않았던 것이다. 무지와 편견에 사로잡힌 어리석은 어른들은 톰과 '부'처럼 아무에게도 해를 끼치지 않는 고마운 사람들을 오히려 멸시하고 괴롭힌다. 영화의 제목 "앵무새"는 결국 이들처럼 편견으로 '고통당하는 순진성' (tortured innocence)을 상징한다.

미국 남부에서 흑백으로 분리된 음료수 대

남매를 구하려다가 밥을 죽인 '부'를 그냥 풀어주자는 보안관의 설득에 애티커스는 고민한다. 법정에서 '부'의 행동이 정당방위임을 입증하는 것이 변호사의 임무라고 믿기 때문이다. 그때 두 사람의 대화를 듣던 스카웃이 이렇게 말한다. "'부'를 재판 받게 하는 것은 앵무새에게 총을 쏘는 것이나 다름없어요"(It would be sort of like shooting a mockingbird)라고. '부'를 법정에 세우는 순간 그의 삶이 한꺼번에 무너지리라는 것을 잘 알기 때문이다. 어느새 어린 소녀는 상대방의 입장에서 세상을 바라보는 이해심을 갖추게 된 것이다.

인종적 증오의 덫: 영화 『아메리칸 히스토리 X』(*American History X*)

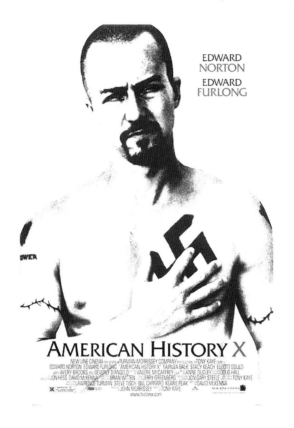

영화 『아메리칸 히스토리 X』(1998)은 신나치주의를 추종하는 로스 엔젤레스 출신 두 형제의 이야기를 담은 작품이다. 의도적인 살인죄로 3년 동안 복역한 형 데렉(에드워드 노튼)은 감옥에서 신념이 바뀌어 동생 대니가 자신과 똑같은 전철을 밟지 않기를 바라지만 인종적 편견으로 무장된 과거의 동료로부터 헤어나는 일은 그에게 고통을 요구한다.

고등학생인 대니 빈야드(에드워드 퍼롱)는 역사 교사로부터 인권을 위한 투쟁과 관련된 책을 읽고 보고서를 제출하라는 숙제를 받는다. 유대인인 대니는 아돌프 히틀러의『나의 투쟁』를 선택하고, 이로 인해 역사 교사 머레이는 대니를 퇴학시키려 하지만 교장 스위니 선생은 이에 반대하고 대니에게 다시 한번 기회를 주기로 결정한다. 대니는 과거 신나치주의자였던 형 데렉을 주제로 새로운 과제물을 제출하기로 결정한다.

몇 년 전, 소방관이었던 데렉과 대니의 아버지 데니스는 흑인 마약 거래상들에게 살해당한다. 그 이후로 데렉은 흑인에 대한 반감을 키우며 카메론 알렉산더라는 사람과 "예수의 사도들"(Disciples of Christ)이라는 백인 우월주의 단체를 설립한다. 단체의 리더이면서 뛰어난 농구 실력을 지닌 데렉은 농구 경기를 마치고 인근의 한국인 수퍼마켓을 습격한다. 어머니가 대니의 역사 교사 머레이와 데이트를 시작하면서 그를 집으로 초대하자 데렉은 식탁에서 인종 문제에 관해 그와 격렬한 논쟁을 벌이기도 한다. 결정적으로 데렉은 자신의 차량을 절도하려던 흑인을 폭행하고 사살한 혐의로 3년간의 징역형을 받아 교도소에 수감된다.

데렉은 감옥에서 세탁물 정리하는 작업을 하며 경찰 폭행 혐의로 6년 징역을 받은 라몬트라는 흑인 친구를 만난다. 처음에 흑인에 대한 반감이 심했던 데렉은 점차 시간이 지나면서 라몬트와 공통된 관심사인 농구를 통해 친구 사이로 발전한다. 데렉은 감옥에서 "아리안 형제회"(Aryan Brotherhood)에 가입하지만 일 년이 지난 뒤에 단체에 소속된 몇몇의 수감자들이 다른 인종의 죄수들과 유대 관계를 유지하는 것에 불만을 갖게 된다. 자연스럽게 형제회를 멀리하고 피하던 데렉은 형제회 구성원들로부터 얻어맞고 성폭행까지 당한다. 어느 날 대니의 교장 선생이 면회를 와서 동생 대니가 자신과 똑같이 신나치주의자들의 길로 빠지고 있다는 사실을 알려준다. 이를 듣게 된 데렉은 자신의 남은 수감 생활 동안 아리안 형제 단체를 더욱 멀리하고 스위니가 보내준 책을 읽으며 조용히 생활한다.

새 사람이 되기로 결심한 데렉은, 3년 만에 석방되어 사회로 돌아온다. 오랜만에 가족을 만난 데렉은 대니가 "예수의 사도들" 단원의 문신을 한 것을 보자 빨리 탈퇴하라고 설득한다. 하지만 대니는 형의 길을 그대로 따르겠다고 말하며 아직도 데렉이 단원들 사이에서 신적인 존재라는 사실을 알려준다. 그날 밤 3년 만에 처음으로 신나치주의 파티에 참석한 그는 설립자인 카메론을 찾아가 더 이상 자신과 대니가 이 단체에 관련되지 않을 것이라 선언한다. 이에 카메론과 데렉의 과거 여자 친구를 포함한 단원들은 전부 데렉에게 반감을 표시하며 그를 욕하고 비난한다. 형의 행동에 화가 난 대니에게 데렉은 감옥에서 겪었던 일을 들려준다. 자극을 받은 대니는 변화의 모습을 보이며 집에 돌아와 스위니 선생의 과제를 시작한다.

다음날 대니는 자신이 왜 신나치주의 가치관에 빠지게 되고 왜 그것이 문제가 되는지에 관해 레포트를 완성한다. 데렉은 대니의 등교 길에 같이 카페에 잠시 들려 아침을 먹는 도중에 스위니 선생과 경찰관이 그를 찾아와 전날 데렉의 친구였던 세스와 단체의 설립자였던 카메론이 공격당했다는 이야기를 전해준다. 걱정이 된 데렉은 대니를 학교에 데려다주고 돌아오는 길에 학교 안에서 총 소리를 듣고 화장실로 뛰어가지만, 대니는 자신과 싸운 적이 있었던 흑인 동급생의 총에 맞아 피를 흘리고 이미 죽어있었다. 데렉은 죽은 동생의 시체를 안고 절규한다.

영화는 자신이 완성한 과제의 마지막 줄을 읽는 대니의 목소리로 끝난다. "증오는 짐이 된다. 항상 화가 나있기에는 삶은 너무 짧고 그럴 가치가 없다"는 이 구절은 1861년 링컨 대통령의 취임 연설문의 일부였던 것이다.

스킨헤드의 모습

일상에 잠재된 인종적 갈등: 영화 『크래쉬』(Crash)

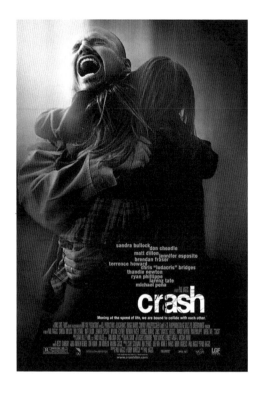

미국은 세계 각지에서 몰려든 서로 다른 인종들이 다양한 문화를 만들어가며 공존하는, 어찌 보면 기적과 같은 상황이 벌어지는 나라이다. 그러나 이러한 평온의 이면에는 언제든지 폭발할 수 있는 갈등이 자리 잡고 있으며, 법과 제도로 간신히 달래지고 있을 뿐인 이 잠재적 갈등은 사소한 계기로 언제든 표출될 가능성을 안고 있다. 2006년 아카데미 작품상을 수상한 영화 『크래쉬』는 미국 사회가 당면한 인종적 갈등의 현실을 비교적 숨김없이 드러내 보이려 시도한 영화이다.

로스앤젤레스를 배경으로, 서른여섯 시간 동안 벌어지는 연쇄적인 사건들을 다룬 이 영화는 이에 연루된 다양한 인간 군상을 조명한다. 흑인 청년들에게 자동차를 강탈당한 백인 지방검사 릭과 그의 아내 진, 귀가 도중 백인 경찰관으로부터 모욕을 당하는 흑인 부부 캐머런과 크리스틴, 가게를 지킬 총을 사려다가 백인 총기 상으로부터 멸시를 받는 이란 출신의 파라드 등, 영화는 제목처럼 서로 다른 인종적 배경의 인물들이 서로 충돌하고 갈등을 빚어내는 상황을 보여주면서, 그 갈등의 원인들을 하나씩 짚어 볼 수 있게 만든다.

이 영화가 제시하는 갈등의 근본 원인들 가운데 하나는 피부색이나 언어가 다른 상대방을 상투적인 유형 (stereotype)으로 단순화하여 바라보는 그릇된 태도이다. 만일의 사태에 대비해 가게에 비치할 총을 사러 간 이란 출신의 파라드는, 같이 온 딸과 모국어로 이야기를 나누던 도중 백인 총기상에게 "이것 봐 오사마. 지하드(성전)는 너희들끼리 나가서 계획해"라는 모욕적인 말을 듣는다. 자신은 미국 시민이라고 항의를 해보지만 피부 색깔과 알아들을 수 없는 낯선 언어에 근거해, 그를 미국을 공격한 아랍 테러범과 한통속으로 단순화시켜버리는 총기상의 무지에 아연실색할 따름이다.

인종적 갈등을 확대재생산하는 또 다른 요인은 자신이 유색 인종이라는 이유만으로 늘 부당한 차별을 받는다는 피해의식이다. 지방검사의 차를 강탈한 흑인 절도범 앤소니는 사사건건 흑인에 대한 차별을 지적한다. 그가 흑인이라서 식당에서 음식이 나오기를 기다리는 동안 종업원이 커피조차 따라주지 않았다고 불평한다. 사실 커피를 주문하지도 않았으면서 말이다. 앤소니의 피해의식은 버스의 창문이 큰 이유를 "버스나 타는 처지로 전락해버린

유색 인종에게 모멸감을 주기 위해서"(to humiliate the people of color who are reduced to riding on them.)라고 제시하는 대목에서 극대화된다.

영화에서 갈등의 또 한 가지 원인으로 지적되는 것은 인종적 화합을 겨냥한 제도의 모순이다. 남편이 보는 앞에서 흑인 여성 크리스틴에게 성적 수치심을 안겨준 라이언 경관의 인종적 편견은 전립선암을 앓고 있지만, 단순한 방광염이라는 오진으로 제때에 치료를 받지 못한 아버지의 고통을 지켜보며 더욱 증폭된다. 다른 의사의 진료를 받게 해달라는 요청을 거부하는 의료보험회사 직원인 흑인 여성에게 "당신을 볼 때마다 당신의 일자리를 차지하지 못한 더 나은 자격의 대여섯 명의 백인 남성들을 생각한다"(I can't look at you without thinking about the five or six more qualified white men who didn't get your job.)고 퍼붓는 라이언의 독설은, 그 동안 차별 당해 온 유색 인종의 취업을 우선적으로 보장하는 '소수인종우대정책'(affirmative action)이 오히려 능력 있는 백인들을 역차별하는 모순을 꼬집는다.

영화는 결말부분에서 편견에 사로잡혔던 인물들에게 과오를 바로잡을 기회를 제공함으로써 인종적 갈등의 해소 가능성을 타진해 본다. 라이언 경관은 자신이 괴롭혔던 크리스틴이 교통사고를 당하자 목숨을 걸고 그녀를 구해냄으로써, 앤소니는 훔친 차 안에 갇힌 밀입국 동양인들을 차이나타운에 풀어줌으로써 각각 면죄부를 받는 듯 보인다. 그러나 라이언의 인종적 편견에 분노하던 백인 동료 경찰관 핸슨이 앤소니의 친구 피터를 우발적으로 쏘아 죽이고 범행을 은폐하려 증거를 태워버리는 장면을 보여줌으로써, 영화는 인종적 갈등이 쉽사리, 낭만적으로 봉합될 수 없음을 다시 한 번 상기시키고 있는 것이다.

영화 초반에, 앞 차를 들이받고도 생떼를 쓰는 여성과, 밀입국한 동양인들을 팔아 넘긴 남성이 부부 사이이고 공교롭게도 모두 한국인이라는 사실로 인해 영화가 끝나고 나서도 한참 동안 찜찜함을 지울 수 없지만, 최소한 이 영화로 인해 미국 사회가 한국인을 어떻게 바라보는가에 대해 생각해 볼 기회를 갖게 된다. 영화는 때로 우리를 비춰볼 수 있는 거울이 되기도 한다.

6. 미국의 교육

미국은 기회의 평등을 중요한 가치로 둔 국가답게 1825년부터 공립 교육 제도를 실시하였다. 미국의 공교육은 학생들에게 직업 교육과 시민으로서의 의무를 가르치는 실용적인 내용으로 이루어진다. 학생들은 유치원부터 고등학교까지 이른바 K-12로 이루어진 교육 사다리(educational ladder)를 밟는다.

미국 초등학교의 교실 풍경

(1) 공립학교와 사립학교

미국의 공교육은 고등학교까지 무상 교육을 실시한다. 공립학교의 교육 재정은 주로 재산세(property tax)로 마련되는데 지역에 따라 경제적 격차가 크므로 학군에 따라 교육비의 차이가 발생한다. 부유한 학군의 학생들은 재정적으로 열악한 학군에 비해 우수한 교육 환경과 시설을 이용하는 불평등이 발생하는 것이다.

경제적 격차에 따른 교육의 불평등 현상은 사립학교에서 보다 두드러진다. 경제적으로 부유한 집안의 자녀들은 사립대학 학비에 버금가는 비싼 학비에도 불구하고 안전한 교육 환경, 높은 명문 대학 진학률, 상위 계층끼리의 네트웍 구축 등의 이유로 이른바 명문 사립학교(elite private school)를 선택한다.

미국 사립학교의 급식 장면

(2) 미국의 대학 교육

미국인들에게 교육은 금전적인 가치를 의미한다. 더 많은 교육을 받으면 그만큼 많은 금전적인 보상을 받을 수 있기 때문이다.

비싼 대학 학비에도 불구하고 대학 진학률이 상승하는 것도 그 때문이다. 2년제 전문대학(community college)이나 4년제 주립대학의 경우 상대적으로 학비가 저렴하지만 전반적으로 미국 대학의 교육비는 천문학적으로 비싸다. 대학생들 가운데 80 퍼센트가 각종 학비 보조를 받고 있지만 학비 부담은 꾸준히 상승하는 추세이다. 그 결과 상당한 액수의 빚을 지고 학업을 마치는 졸업생이 증가하고 있다.

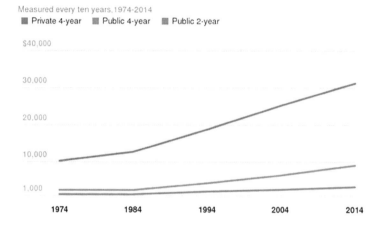

College tuition and fees in the U.S.

Measured every ten years, 1974-2014
■ Private 4-year ■ Public 4-year ■ Public 2-year

Source: College Board   FORTUNE

미국 대학 학비의 변화 추세

여타의 국가들과 마찬가지로 미국도 인문학이나 예술 분야 보다 소위 STEM(science, technology, engineering, mathematics) 분야의 취업률과 연봉 수준이 높다.

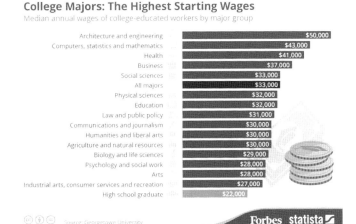

College Majors: The Highest Starting Wages
Median annual wages of college-educated workers by major group

Architecture and engineering	$50,000
Computers, statistics and mathematics	$43,000
Health	$41,000
Business	$37,000
Social sciences	$33,000
All majors	$33,000
Physical sciences	$32,000
Education	$32,000
Law and public policy	$31,000
Communications and journalism	$30,000
Humanities and liberal arts	$30,000
Agriculture and natural resources	$30,000
Biology and life sciences	$29,000
Psychology and social work	$28,000
Arts	$28,000
Industrial arts, consumer services and recreation	$27,000
High school graduate	$22,000

Source: Georgetown University

Forbes statista

미국의 전공별 연봉 수준

(3) 미국 교육의 목표

미국의 학교 교육은 원칙적으로 지식의 습득보다는 비판적 사고 (critical thinking)의 함양을 목표로 삼는다. 대학에서 학생을 선발할 때도 수능(SAT) 점수나 평균 학점(GPA)이 높은 지원자 보다는 전반적으로 균형을 갖춘(well-rounded) 지원자를 선호하는 것이 원칙이다. 그 결과 지원자의 활발한 학교 스포츠 활동이나 학생 자치 기구에서의 활동이 좋은 평가를 받는다.

(4) 표준화 교육

미국은 높은 교육 단가에도 불구하고 전반적으로 학생들의 학업 성취도가 낮은 현상을 극복하기 위하여 대부분의 주에서 학년 별 표준을 설정하고 이를 충족시키지 못한 학생들은 상급 학년으로 진급하지 못하게 하는 표준화 운동(standards movement)을 실시하고 있다. 학년 말 평가 시험(End of Grade or Year Test)의 결과에 따라 교사와 학교 전체에 대한 평가와 보상이 이루어지는 낙오학생 방지제도(No Child Left Behind) 때문에 교사들은 교실 수업에서 시험 대비에 많은 시간을 할애한다.

학군에 따라 표준화 교육의 결과도 다르게 나타난다. 부유층이 주로 거주하는 학군은 그렇지 않은 학군에 비해 학년 말 시험의 점수가 높은 것이 부정할 수 없는 현실이기 때문이다. 수준별 교육도 점수 격차에 영향을 미친다. 또한 인종 별로 학업 성취도의 격차가 발생하는 것도 미국 교육의 엄연한 현실이다.

(5) 공립학교의 책임감 확대

미국의 공립학교들은 정규 교육이외에도 영어를 모국어로 사용하지 않는 이민자 자녀들을 위한 영어 교육(ESL)을 실시하고 한 부모 가정의 학생들을 관찰하고 배려하는 등 그 책임이 점차 늘어나고 있는 추세이다.

미국 공립학교의 ESL 교실 모습

(6) 21세기의 미국 교육

미국은 흑인을 차별하는 인종 분리 교육을 폐지하고 통합 교육을 실시해왔지만 주거 지역 별로 자연스럽게 자발적인 인종 분리 (self-segregation)가 이루어지는 상황에 학교가 어떻게 대처해야 하는 지가 미국 교육의 또 다른 과제이다. 즉 인종 분리적인 주거 패턴에 의해 발생하는 학군 별 학력 격차를 축소해야 하는 새로운 도전에 직면하고 있는 것이다. 또한 미국의 교육은 다양한 이민자 집단의 유입으로 인종적 다양성이 확대되는 상황에서 기존의 교육 내용을 바꿔야 하는 과제도 떠안고 있다. 백인 학생들을 대상으로 한 기존의 정전 목록(canon)을 수정하거나 확대하는 것도 또 하나의 중요한 과제이다.

미국 학교 내의 인종 분리 현상

교육자의 진정한 임무: 영화 『엠퍼러스 클럽』(*The Emperor's Club*)

    누구나 사회적, 경제적 성공에 몰두하는 세태에 교육의 진정한 목적이 무엇인지를 새삼 거론하는 것은 민망한 일이다. '인격 형성'이나 '도덕성 함양'을 교육의 목표와 연결하려는 시도는 이제 대단한 용기를 필요로 한다. 영화 『엠퍼러스 클럽』(2002)은 진정한 가르침이란 무엇이며, 학교에서 아이들이 정녕 배워야 할 것은 무엇인지를 깊이 성찰하도록 만드는 좋은 영화이다.

    윌리엄 헌더트(케빈 클라인)는 명문 대학 예비학교인 세인트 베네

딕트 아카데미의 역사 교사이다. 특히 그가 공들여 가르치는 부분은 고대 그리스·로마의 역사이다. 학생들에게 어쩌면 케케묵은 고대사를 가르치는 목적은, 역사에서 옳은 길을 선택한 사례를 배워 장차 사회의 훌륭한 지도자가 될 수 있도록 준비시키는 데 있다. "기여하지 않는 야심과 정복은 무의미하다"(Great ambition and conquest without contribution is without significance.)며 그는 서구문명의 발전에 이바지한 위인들의 업적을 학생들의 머릿속에 새겨 넣는다.

미국의 한 사립 고등학교의 전경

그러나 헌더트의 교육자로서의 긍지와 도덕성은 세즈윅 벨이라는 학생에게 도전을 받는다. 연방 상원의원의 아들로, 공부에 관심이 없는 세즈윅은 진지한 수업 분위기를 흐려놓기 일쑤이다. 참다못해 그는 세즈윅의 아버지를 찾아간다. "교사로서 저의 임무는 아드님의 인격을 형성하는 일입니다"(It's is my job to mold your son's character) 라는 그의 말에 세즈윅의 아버지는 대뜸 이렇게 대꾸한다. "선생은 지구가 둥근 이유나 누가 누구를 어디서 왜 죽였는지나 가르치세요. 인격 형성은 내가 시킬 테니까"라고.

세즈윅의 문제가 아버지로부터 비롯되었음을 발견한 헌더트는 그에게 각별한 관심을 쏟는다. 헌더트의 과목에서 놀라운 발전을 보인 그는 마침내 '엠퍼러스 클럽'이라는 퀴즈 대회에 나갈 최종 후보자 명단에 들어갈 정도가 된다. 헌더트가 최종점수가 1점 모자라는 세즈윅을 고심 끝에 세 명의 후보자 속에 넣은 이유는 그가 지금껏 보여준 노력을 인정했기 때문이다. 그러나 세즈윅은 우승자에게 '미스터 줄리어스 시저'라는 명예가 주어지는 최종 퀴즈 대회에서 부정행위를 저질러 헌더트의 신뢰를 배신한다.

헌더트는 최종점수가 1점 더 높은 모범생 블라이스를 4위로 끌어내리는, 평생 그의 양심을 찌르는 잘못을 저지르면서까지 세즈윅에게 용기를 심어주려 했던 어리석음을 자책한다. 이 사건 뒤로 원래의 모습으로 되돌아간 세즈윅은 간신히 졸업을 하고, 아버지의 후광으로 예일대학에 입학해 훗날 대기업의 회장이 된다.

훌륭한 역사 선생보다는 많은 발전기금을 모을 유능한 행정가를 원하는 학교가 그를 교장 최종 후보에서 탈락시키자, 헌더트는 30년 넘는 교사 생활을 청산한다. 조용히 책을 보며 소일하던 그에게 난데없는 제안이 들어온다. 세즈윅이 모교에 거액의 기부금을 내는 조건으로, 동창들을 불러 모아 퀴즈 대회를 다시 열겠다며 헌더트를 초청한 것이다. 졸업한 지 25년이 지나 사회 각 분야에서 활약하는 제자들을 만나려 그는 기꺼이 초청에 응한다.

그러나 세즈윅은 이 대회에서 또 한 차례 교묘한 방법으로 부정행위를 저질러, "배움을 통해 아이의 인격이 변하고 결국 한 인간의 운명이 바뀔 수 있다는 희망은 언제나 선생이 짊어져야 할 짐이다"(It is a teacher's burden always to hope, that with learning, a boy's character might be changed, and so, the destiny of a man.)라는 헌더트의 신념에 도전한다. 스스로를 부끄럽게 여기라는 헌더트에게 세즈윅은 "이제 당신의 케케묵은 원칙에 아무도 관심이 없어요. 이기는 것만이 전부일 뿐이라고요"라고 쏘아붙인다. 동창들 앞에 선 세즈윅은 한술 더 떠, 자라나는 세대를 위한 더 나은 교육이 중요하다며 상원의원 출마를 선언한다.

그러나 정직성과 원칙을 강조하는 구세대 선생과 야심과 위선으로 가득 찬 신세대 제자의 대결이 어떻게 판가름 날지 지켜볼 필요는 없다. 중요한 것은 도덕적 원칙을 어기면서까지 한 제자의 인격을 빚으려다 실패한 헌더트가 다시 학교로 돌아온다는 사실이다. 정직에 대한 가르침은 단 한 번의 실패로 포기할 수 없으며, 여전히 그의 도움이 필요한 학생들을 외면할 수 없었기 때문이다.

공감 교육의 중요성: 영화 『프리덤 라이터스』(*Freedom Writers*)

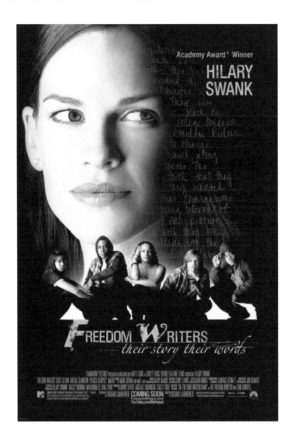

　미국은 다양한 인종이 모여 사는 이민자의 나라이다. 서로 다른 문화적, 역사적 배경을 가진 사람들이 섞여 사는 나라이니만큼 끊임없이 갈등이 일어나게 마련이다. 2008년 역사상 처음으로 흑인 대통령을 탄생시킴으로써 갈등을 봉합할 수 있는 계기가 마련되었지만, 사소하고도 우발적인 사건들로 여전히 미국은 비등하고 있다. 힐러리 스왱크 주연의 『프리덤 라이터스』(2007)는 1992년 LA 인종 폭동

이후 학교 내에서의 인종 갈등을 해소하기 위해 고군분투하는 한 초임 여교사의 활약을 그리면서, 인종 갈등을 해결하는 공감 교육의 중요성을 일깨우는 좋은 영화이다.

1992년 LA 폭동

법과 대학원 진학을 포기하고 박봉의 영어교사가 되기로 결심한 에린 그루웰(힐러리 스웽크)은 LA 인근 롱 비치에 위치한 우드로 윌슨 고등학교에 부임한다. 이 학교는 한때 우수한 학군에 속해있었지만 LA 폭동 이후 인종 통합을 목적으로 다양한 인종적 배경의 학생들을 모아 가르치면서 정작 모범생들은 다른 학군으로 썰물처럼 빠져나가고, 가장 문제적인 학교로 전락하고 말았다. 벅찬 기대감을 안고 출근한 첫날부터 그루웰 선생은 낭패와 당혹감에 빠져들고 만다. 그녀가 담당한 1학년 영어 교실은 같은 피부색의 아이들끼리 모여 앉아 타 인종에 적대감을 표출하는 험악한 분위기에 휩싸인다. 그녀는 어떻게든 수업을 이끌어가려 하지만 교실은 이윽고 아수라 장으로 변해버릴 뿐이다.

그러나 그루웰 선생의 집요한 노력이 끝내 결실을 거두기 시작하는 순간이 찾아온다. 말썽쟁이 흑인 학생 자말을 모델로 입술을 두툼하게 그린 인물 만화 쪽지를 돌려보면서 학생들이 키득거리는 모습을 목격한 그루웰 선생은 나치의 유대인 학살(holocaust)이 유대인의 코를 과장해서 그린 신문만화 한 컷에서 비롯되었다는 사실을 그들에게 알려준다. 자신들이 속한 인종을 대표하는 전사로 살다가 용감하게 죽겠다는 아이들을 향해 그루웰 선생은 다음과 같이 일침을 가한다.

> "너희가 죽으면 무슨 일이 벌어지는 줄 알아? 너희는 땅 속에 묻혀 썩어갈 테지만, 사람들은 계속 살아가면서 너희들을 깡그리 잊어 버릴게 될 거야. 너희들이 썩어버리면 너희가 원래 갱단의 일원이었던 것이 중요한 사실일 것 같아? 너희는 죽지만 아무도 너희를 기억하고 싶지 않을 거야. 왜냐면 이 세상에 너희가 남길 것은 이 만화 쪽지 한 장에 불과할 테니까."

> "You know what's gonna happen when you die? You're gonna rot in the ground, and people are going to go on living, and they're going to forget all about you. And when you rot, do you think it's gonna matter whether you were an original gangster? You're dead, and nobody is gonna want to remember you, because all you left in the world is this."

타인종에게 적대적인 아이들에게 사실은 언제라도 자신들이 인종적 편견의 피해자가 될 수 있음을 깨닫게 해줌으로써 그녀는 조금씩 아이들의 마음을 열어간다. 공책을 나누어주고 자신들의 이야기를 써서 교실 안의 캐비닛 속에 넣어둘 것을 권유했던 그루웰 선생은 차츰 두툼하게 쌓여가는 공책들을 읽으면서 아이들의 기구한 사연을 접하게 되고, 결국 이들 모두가 인종적 편견이라는 심각한 폭력의 희생자임을 재확인한다.

인종 통합 교육을 역설하면서도 실제로는 교육에 소극적인 학교 당국과 주임 교사의 비협조적인 태도에도 불구하고 그루웰 선생은 퇴근 후에 부업을 하며 아이들에게 읽힐 책들을 구입하고 현장학습에 충당할 돈을 마련한다. 유태인 학살을 추모하는 <관용의 박물관>을 방문한 학생들은 타인종에 대한 증오심이 얼마나 비극적인 결과를 가져올 수 있는지를 깨달으면서 차츰 그루웰 선생님의 노력에 호응해나간다. 조금씩 아이들이 변해가고 있음을 확인한 그루웰 선생은 유태인 소녀 안네 프랑크의 일기를 읽힘으로써 이들의 삶에 결정적인 전환점을 마련한다.

아이들은 자신을 안네 프랑크와 동일시하며 점차 책 속으로 빠져든다. 그녀가 이들에게 이 책을 읽힌 이유는 이들이 안네처럼 인종적 편견과 증오심의 희생자라는 사실, 그리고 그들의 삶이 안네와 마찬가지로 미래를 예측할 수 없는 불안한 나날로 이어지고 있다는 사실로 인해 책의 내용에 더욱 공감할 수 있으리라는 판단 때문이었다. 과연 책에 감동을 받은 아이들은 모금활동을 벌여 안네를 다락방에 숨겨주었던 밉 기즈를 초청하여 책으로만 접했던 역사를 눈 앞에 살아있는 현실로 바꾸어 놓는다.

그루웰 선생은 그 동안 아이들이 써 놓은 일기들을 모아 책으로 펴내기로 한다. 그녀가 제목으로 정한 『프리덤 라이터스의 일기』는 1960년대 흑인들에게 인권을 되찾아줄 목적으로 미국 남부 주

들을 향해 이어졌던 버스 대열 "프리덤 라이더즈"(freedom riders)
를 본 딴 것이다. 흑인들이 이 용기 있는 사람들에 힘입어 자유와
인권을 되찾았듯이, 그루웰 선생의 학생들은 그 동안 자신들을 속
박해온 분노와 증오심으로부터 자유로워지며 자존감을 되찾아 마
침내 현실 속으로 뛰어들 준비를 갖추게 된 것이다. 진정한 교육
은 학생들이 처한 상황과 그들의 바람을 정확하게 이해하려는 교
사의 열정에서 시작된다는 사실을 우리는 한 편의 영화로 새삼 재
확인한다.

7. 미국의 가족: 그 의미와 가치

미국의 전통적인 가족의 구성은 가장인 아버지, 주부인 어머니, 그리고 두 명의 자녀로 이루어진다. 그러나 직장에서 일 하는 어머니, 자녀가 없는 부부, 한 부모 가정, 독신 가정이 증가하면서 고전적인 미국 가족의 형태는 변하고 있다. 또한 빈번한 이혼과 재혼, 동성 간 결혼의 합법화 등으로 가족의 의미도 새롭게 정의되는 추세이다. 그렇지만 미국인들은 여전히 공동체의 기본 단위로서 가족의 가치를 중시한다.

전통적인 미국의 가정

(1) 가족의 변화

전통적인 미국의 가족 구성을 변화시킨 인구 통계학적 요인들은 다음과 같다.

첫째, 2차 대전이 끝난 뒤 귀국한 군인들로 인하여 자녀 출산율이 급증하였다. 이 시기에 태어난 세대를 baby boomer 세대라 일컫는다.

둘째, 젊은 세대의 결혼과 자녀 출산 시기가 늦춰지고 있다.

셋째, 평균 수명이 길어지고 독거 노인들이 증가한다.

넷째, 이혼율의 증가로 두 쌍 가운데 한 쌍이 이혼하는 추세이다.

(2) 가족과 개인주의

미국의 가정은 가족 전체 보다는 개별적 가족 구성원의 행복에 초점을 맞춘다. 개인의 자유에 대한 미국인들의 신념은 가정에도 적용된다.

(3) 결혼과 이혼

1) 미국에는 남녀가 중매결혼(arranged marriage)으로 맺어지는 경우가 매우 드물다. 부모의 간섭을 받지 않고 배우자를 결정할 자유가 중시되기 때문이다.

2) 결혼 생활에서 가장 중요한 가치는 남편과 아내가 어떻게 서로를 행복하게 만들어 주는 가이다. 따라서 결혼 생활에서 더 이상 행복을 얻을 수 없을 때는 배우자의 과실이 없어도 이혼의 사유가 성립하는데 이를 무과실 이혼(no-fault divorce)이라 부른다.

3) 미국인들은 자녀를 위하여 부모가 행복을 희생하는 것을 미덕

으로 여기지 않는다. 성격과 가치관의 차이에도 불구하고 부모가 결혼 생활을 유지하는 것이 자녀들에게 오히려 좋지 않을 수 있기 때문이다. 그러나 부모의 이혼은 장기적으로 자녀에게 부정적인 영향을 끼치는 것이 사실이다. 이혼 가정의 자녀 가운데 절반 이상이 결혼 후에도 자녀를 갖지 않으려 하는 현상은 자라면서 자신들이 받은 상처를 자녀들에게 대물림하기를 원하지 않기 때문이다.

(4) 자녀의 역할

개인의 행복과 자유를 중시하는 미국인들의 가치관 때문에 부모가 자녀들에게 더 많은 관심을 기울일 경우 자녀들이 가정에서 정도를 넘는 힘과 지위를 갖게 되고 부모의 권위에 대한 존경심도 그만큼 약화될 가능성이 있다.

가정에서 자녀에 대한 존중과 지나친 관심은 궁극적으로 자녀뿐만 아니라 사회에도 부정적인 결과를 초래할 수 있다. 육아 전문가 Benjamin Spock 박사는 자녀에게 지나친 관심을 기울이는 부모는 "오직 시선을 자녀에게만 고정시키고 자녀들이 부모와 공동체로부터 필요로 하는 것에만 관심을 기울인 나머지, 세계와 이웃과 가족이 자녀로부터 필요로 한 것은 무엇인지를 생각하고 그들이 이러한 의무를 다하도록 교육하는 것을 소홀히 할 수 있다"(keep their eyes exclusively focused on their child, thinking about what he/she needs from them and from the community, instead of thinking about what the world, their neighborhood, the family will be needing from the child and then making sure that he/she will grow up to meet such obligations.)고 지적한다.

(5) 가정 내 성 평등의 실현

미국의 가정에서 남편과 아내의 관계는 다음과 같이 네 단계를 거쳐 현재에 이른다.

1단계: 19세기 까지 가정에서 남편은 주인, 아내는 하인의 역할을 수행하였다.

2단계: 20세기 초까지 남편은 우두머리(head), 아내는 조수(helper)의 역할을 하였다.

3단계: 1940년대에 들어 남편은 직장 상사, 아내는 부하 직원의 역할을 맡았다.

4단계: 현재 남편과 아내는 동등한 동업자 관계(equal partnership)를 유지한다.

그러나 경제 활동에 참여하는 비율이 늘어나고 있음에도 불구하고 가정에서 아내는 여전히 육아와 가사 노동에서 더 많은 의무를 짊어지고 있는 것이 현실이다.

(6) 미국 사회에서 가족의 역할

50 퍼센트에 달하는 높은 이혼율에 비쳐볼 때 미국의 가정은 불안한 모습을 보여준다. 그러나 여전히 미국인들은 자유와 평등을 보호하기 위해서 가정 내에서의 불안정을 감내하고 가족에 대한 강한 애착심을 보여준다.

미국에서 현재 네 가구 가운데 하나 만이 고전적인 가족의 형태를 유지하고 있으며 재혼을 통해 가족이 재구성되는 혼성적 가족(step family, blended family)의 형태가 증가하는 추세이다. 또한 동성 간의 결혼이 합법화되는 사회적 변화에 따라 혈연 위주의 가족의 개념은 주거 위주의 가족 개념으로 바뀌고 있다. 가족은 "함께 살면서 서로 사랑하는 사람들"(people who live together and love each other)로 새롭게 정의되고 있는 것이다.

동성 혼 가족의 모습

(7) 가족의 가치

*Values and Public Policy*의 저자 Daniel Yankelovich는 미국인들이 믿는 가족의 가치를 다음과 같이 11 가지로 분류한다.

1) 여섯 가지의 전통적 가치:

--부모에 대한 존경심

--자신의 행동에 대한 책임감

--신앙심

--권위에 대한 존중

--평생 한 배우자와의 결혼 생활

--더 나은 세계를 위한 노력

2) 다섯 가지의 새로운 가치

--다른 가족 구성원에 대한 정서적 후원

--상대방에 대한 존중

--감정을 소통하는 기술의 개발

--자녀에 대한 존중심

--개인의 가능성 실현

가족의 해체와 재구성: 영화 『어바웃 슈미트』(*About Schmidt*)

같은 공간에서 많은 시간을 함께하여 왔으므로 마땅히 서로 잘 알고 있다고 믿고, 서로의 뜻을 잘 따라줄 거라고 기대하지만, 그 믿음과 기대는 때로 집착을 낳고, 그 집착이 갈등을 키우게 마련인 것이 바로 가족 구성원들의 관계이다. 2002년 골든 글로브상 남우주연상을 수상한 잭 니콜슨 주연의 『어바웃 슈미트』는 우리에게 가족의 의미를 되돌아보게 만드는 좋은 영화이다.

이 영화에서 주인공 워렌 슈미트의 삶과 내면은 TV를 보다가 우연히 알게 되어 매달 22불씩 후원하기 시작한 탄자니아의 어린 소년 은두구(Ndugu)에게 써서 보내는 편지의 내용으로 우리에게 전달된다. 수십 년 동안 다니던 보험회사에서 은퇴한 뒤, 공허감에 휩싸여 하루하루를 보내던 66세의 워렌에게 아내 헬렌의 예기치 못한 죽음은 큰 재앙으로 다가온다. 현실과의 갑작스러운 단절감으로 어쩔 줄 몰라 하던 그에게, 아내는 유일한 대화상대로서 그에게 위안을 주는 존재였기 때문이다. 애지중지 키운 외동딸 지니 마저 다단계 판매 영업을 하는, 도저히 그의 성에 차지 않는 건달 청년 랜덜과의 결혼을 앞둔 상황에서 워렌은 고독과 무력감에 휩싸이고 만다.

엎친 데 덮친 격으로, 아내의 유품을 정리하던 그는 아내가 자신의 절친한 친구와 은밀히 주고받았던 연애편지들을 우연히 발견하고서 말할 수 없는 배신감을 느낀다. 아내를 잃은 뒤 "여전히 그것을 가지고 있는 동안, 가진 것에 고마움을 느껴야 한다"(You've got to appreciate what you have while you still have it)며 그녀에 대한 그리움을 되새기던 워렌에게 아내의 부정은 엄청난 충격이 아닐 수 없다. 평생 붙박이처럼 곁을 지켜왔던 아내에게 그가 전혀 모르던 또 다른 삶이 존재했다는 사실과, 아버지의 반대에도 불구하고 결혼에 대한 의지를 굽히지 않는 딸에 대한 서운함으로 말미암아, 워렌은 가장으로서 자신의 삶이 결국 실패였다는 결론에 이른다.

한 집안의 가장으로서 과연 자신이 가족들을 얼마나 이해하고 또 그들에게 좋은 영향을 미쳤는가를 반성하던 워렌은 은퇴 후에 아내와의 여행을 계획하며 마련한 캠핑용 버스를 몰고 딸이 결혼식을 올릴 콜로라도주 덴버까지 여행길에 나선다. 결혼식에 참석하여 유일한 가족인 딸과의 화해를 시도하려던 워렌은, 그러나 사위가 될 랜덜의 가족을 만나면서 또 한번 절망감에 휩싸인다. 식사 자리에 함께한 전 남편에게 욕설을 퍼붓는가 하면, 별안간 욕조에 뛰어들며 워렌에게 은근히 추파를 던지는 랜덜의 어머니 로버타에게 혼비백산한 그는 다시 한 번 딸의 결혼을 말려보지만, "갑자기 제 일에 관심을 가지세요? 이제 제 삶에 대해 의견을 내보시려고요?"(All of a sudden, you are taking an interest in what I do? You have an opinion about my life now?)라는 그녀의 차가운 반응 앞에 어쩔 도리가 없다.

"과연 내 삶이 어느 누구를 달라지게 만들었나? 아무리 생각해도 아무도 없다"(What difference has my life made to anyone? None that I can think of.)는 그의 자조 섞인 말은 이처럼 가족에게조차 영향을 미칠 수 없었던 그의 무력감을 대변한다. 마침내 결혼식 날, 딸과 그녀의 새로운 가족들에게 워렌은 마음에 없는 축복의 말을 전하고 쓸쓸히 집으로 되돌아온다. 딸의 결혼으로 워렌에게도 또 다른 가족이 생긴 셈이지만, 그에게 이렇게 새로이 형성된 가족이 잃어버린 원래의 가족을 대신할 수는 없는 일이다.

그러나 집을 비운 사이 탄자니아로부터 배달된 편지 한 장이 그의 삶에 구원의 빛을 던진다. 그 속에 어린 은두구가 그린, 서로 손가락을 맞대고 선 어른과 아이의 그림 한 장에 워렌은 감동의 눈물을 쏟는다. 그것은 저 멀리 낯선 나라의 한 어린이와 그가 맺기 시작한 새로운 가족 관계, 혈육보다 더 소중한 가족 관계의 재발견을 의미하기 때문이다. 늦게나마 그의 삶이 누구에게인가 유익한 영향을 끼치는 순간이 찾아온 것이다.

아버지의 빈자리: 영화 『퍼펙트 월드』(*A Perfect World*)

　가정에서 아버지의 위치는 변함없이 중요하다. 아무리 부권의 권위를 인정하지 않는 탈가부장제 사회를 부르짖더라도, 생계 책임자로서, 규율과 기강을 바로잡는 존재로서 아버지의 위상은 예나 지금이나 다르지 않다. 나아가 아버지는 다정한 대화의 상대자이며 아이들과 즐겁게 놀아주는 엔터테이너로서의 역할까지 요구 받는 것이 현실이다. 기대치가 큰 만큼 아버지가 곁에 없거나, 있더라도 역할을 다 하지 못할 경우, 아이들은 정신적으로 상처를 받기 마련이다.

클린트 이스트우드가 감독하고 출연한 『퍼펙트 월드』(1993)는 아버지의 중요성을 새삼 떠올리게 만드는 내용의 영화이다.

1960년대 초 텍사스를 배경으로 이 영화는 탈옥수 버치(케빈 코스트너)와 그에게 우연히 인질로 잡힌 여덟 살짜리 어린 소년 필립, 그리고 이들을 쫓는 경찰 책임자 레드(클린트 이스트우드)를 중심으로 전개된다. 주목할 것은 버치가 필립을 인질로 삼고 경찰의 추격을 받는 동안, 아버지의 사랑을 경험해 본 적이 없는 이 두 사람의 관계가 단순히 탈주범과 인질이 아닌, 보기 좋은 부자의 관계로 발전되어 간다는 사실이다.

건달이던 아버지가 집을 나가버리자 버치는 창녀인 어머니와 함께 살 수밖에 없는 처지가 된다. 불과 여덟 살 나이에 버치는 어머니를 괴롭힌 남자를 총으로 쏘아 죽인 적도 있지만, 그가 현상 수배범이었다는 이유로 처벌을 면한다. 아버지로부터의 규율이나 사랑을 전혀 경험하지 못한 그가 범죄의 유혹에 쉽게 빠져든 것은 어쩌면 당연한 결과일지도 모른다. 십대 초반에 남의 차를 훔쳐 소년원으로 보내질 상황에 처했을 때 버치는 인생의 중요한 전환점을 맞게 된다.

어린 나이에 우발적으로 저지른 범죄여서 보호자의 책임 하에 처벌을 면할 수도 있었지만, 당시에 보안관이던 레드는 버치를 아버지에게 맡길 경우 더욱 문제아로 자라날 것으로 확신하고 그를 소년원으로 보내버린다. 결과적으로 버치가 그곳에서 범죄를 익혀 훗날 교도소를 들락거리게 됨으로써 레드의 판단은 틀린 셈이다. 영화의 끝에서 버치가 경찰이 쏜 총에 숨을 거두자, 그를 살리려고 애쓰던 레드가 뱉어낸 "뭐가 뭔지 모르겠어"(I don't know nothing.)라는 투박한 말 속에는 이처럼 오래 전 자신이 내린 결정에 대한 낭패감이 깃

들어 있는 것이다. 그러나 보다 근본적으로는 버치의 비극적 삶의 씨앗은 누구보다도 그의 아버지가 뿌렸다고 보아야 한다.

아버지로부터의 사랑을 경험하지 못하기는 필립도 마찬가지다. 집을 나가버린 아버지 대신에 생계를 책임진 홀어머니와 사는 탓에 필립은 또래의 어린이들이 누리는 즐거움을 잊고 지내왔다. 여호와의 증인 신도인 어머니는 핼러윈에 아이들이 유령 복장을 하고 사탕을 얻으러 다니는 것조차 금지할 정도로 엄격하다. 이처럼 나이에 어울리지 않게 금욕의 삶에 길들여진 필립이 버치의 인질로 잡히는 순간 그는 역설적이게도 자유를 맛보기 시작한다.

아버지의 사랑을 경험해 본 적이 없는 버치는 마찬가지로 아버지로부터의 사랑에 굶주린 필립에게 어설프게나마 아버지로서의 역할을 대신한다. 훔친 차를 타고 도주하는 동안 버치는 필립에게 옷을 사 입히고, 말벗이 되어주며, 핼러윈이 지났지만 유령복장을 하고 사탕을 얻을 수 있도록 도와주기도 한다. 이윽고 이들은 위태롭기는 하지만 실제 아버지와 아들이 연출해 낼 수 있는 '완벽한 세상'의 비전을 잠시나마 우리에게 보여준다. 그러나 여섯 살짜리 손자에게 손찌검을 하는 흑인 농부를 밧줄로 묶은 채 살해하려던 버치를 향해 필립이 방아쇠를 당기는 순간 그 완벽한 세상은 신기루처럼 사라진다.

짧은 시간 동안 엄청난 일을 겪은 필립이 현실에서 어떤 삶을 이어갈지 상상해보면 착잡하기만 하다. 버치가 잠시 채워주고 떠난 아버지의 빈자리가 더욱 커 보일 것이고, 그를 죽게 했다는 자책감에 많이 괴로워할 것이기 때문이다. 하지만 관객들은 아버지의 사랑이 무엇인지를 알게 된 필립이 훗날 자기 아이들과 함께 만들어 낼 미래의 완벽한 세상을 향해 서둘러 성장의 가속 페달을 밟는 모습을 상상하는 것으로 그 착잡함을 달래 볼 수는 있을 것 같다.

실패자 가족의 여정: 영화 『리틀 미스 선샤인』(*Little Miss Sunshine*)

  논란을 불러일으키면서도 여전히 미인 선발 대회는 사람들의 관심을 끈다. 멋진 자태를 뽐내며 끝내 머리에 왕관을 쓰고 행진하는 미인들은 선망의 대상이기에 충분하다. 선발된 미인들은 대부분 연예계로 진출하고, 이윽고 사람들 사이에 아름다움의 기준으로 자리 잡는다. 2006년 독립영화들의 잔치인 선댄스 영화제에서 주목을 받았던 『리틀 미스 선샤인』은 어린이 미인 선발대회에 참가하기 위해 온 가족이 나선 여정을 다루면서, 과연 진정한 아름다움과 성공이란 무엇인지를 성찰하게 만드는 좋은 영화이다.

일곱 살 배기 소녀 올리브가 예쁘고 연기력이 빼어난 리틀 미스 선샤인 선발대회에 최종 참가자로 확정되자 가족들은 뉴 멕시코에서 대회가 열리는 캘리포니아까지 이틀간의 여정에 나선다. 그러나 이 가족여행이 결코 우리에게 보기 좋은 모습을 연출하지는 못한다. "세상에는 승자와 패자라는 두 부류의 인간이 있을 뿐이다"(There are only two kinds of people in this world, winners and losers.)며 성공에 이르는 법을 강의하지만, 아직 승자의 대열에 합류하지 못한 아버지 리차드(그레그 키니어)와 아내 쉐릴을 중심으로 올리브의 가족은 그야말로 인생의 낙오자들로 비쳐진다.

마약 중독자인 리차드의 아버지 에드윈, 변심한 남자 애인 때문에 자살을 시도한 뒤 병원에서 갓 퇴원한 쉐릴의 오빠 프랭크(스티브 커렐), 제트기 조종사를 목표로 공군사관학교에 입학할 때까지 일체 남들과 대화를 하지 않기로 결심한 올리브의 오빠 드웨인에 이르기까지 이 가족들의 면면을 보면서 우리는 이들의 여정이 순조롭지 않을 것임을 직감한다.

궁핍한 살림에 돈을 아끼려 고물 승합차에 몸을 싣고 떠난 여행길에서 올리브의 가족들은 예상대로 다양한 어려움에 직면한다. 성공의 마지막 방책으로 삼았던 사업이 좌절되었다는 소식에 리차드는 억장이 무너진다. 엎친 데 덮친 격으로, 괴팍한 성격에도 불구하고 평소에 올리브를 가장 아껴주고 대회에 참가할 수 있도록 용기를 북돋아 주며, 대회에서 선보일 춤까지 열심히 가르쳤던 할아버지가 코카인 과다 복용으로 투숙한 모텔에서 숨을 거둔다. 자칭 프랑스 작가 마르셀 프루스트의 세계적 권위자인 프랭크는 고속도로 휴게실에서 옛 남자 애인이 자신의 라이벌 학자와 멋진 스포츠카에 동승한 모습을 보고 고개를 떨군다. 드웨인은 우연한 기회에 자신이 색맹임을 알게 되고, 일생의 목표로 삼은 공군사관학교 입학이 신기루처럼 사라지는 모습에 안타까울 뿐이다.

이제 이들이 매달릴 유일한 희망은 여행의 애초 목표를 달성하는 것뿐이다. 고장 난 승합차에 할아버지의 시체를 싣고 대회 시간에 늦지 않기 위해 혼신의 노력을 기울일 수밖에 없었던 이유는 자신들이 겪은 좌절을 어린 올리브마저 똑같이 반복하지 않기를 바랐기 때문이다. 그들의 필사적인 심정은 대회가 시작되는 오후 3시에 4분 늦게 도착해서 등록마저 거절당하자 아버지 리차드가 무릎을 꿇고 대회 책임자에게 애원하며 하는, "우리가 어떤 일들을 겪었는지 모르실 겁니다"(You don't know what we've been through.)라는 말 속에 집약된다.

그렇지만 천신만고 끝에 참가한 대회에서 그들은 결국 자신들이 패자에 불과하다는 사실을 재확인한다. 멋진 의상과 뛰어난 노래와 춤 솜씨를 뽐내는 아이들 틈에서, 촌스러운 모습의 올리브가 선보인 것은 할아버지가 가르쳐준, 싸구려 술집의 무희들이 보여주었을 법한 스트립댄스의 동작이었던 것이다. 청중들이 놀라고 심사위원들이 아연실색 하자 올리브를 조마조마하게 지켜보던 가족들이 하나 둘씩 무대에 올라 그녀의 공연에 동참하면서 대회장은 아수라장으로 변한다.

그러나 얼핏 보기에 광란에 가까운 이들의 행동에 우리는 색다른 해석을 부여할 수도 있다. 그것은 미인대회로 상징된, 가공된 아름다움을 발판으로 성공을 거머쥐려는 얄팍한 노력들을 통쾌하게 조롱하는 몸짓으로도 읽혀질 수 있기 때문이다. 이 독특한 낙오자 가족의 여정이 증명해 보인 것은 만신창이가 되면서도 결코 가족 간의 사랑을 포기할 수 없다는 사실이다. 어쩌면 그것이 무엇 보다 값진 성공일지도 모른다.

뒤늦게 채운 아버지의 빈자리: 영화 『노스바스의 추억』
(*Nobody's Fool*)

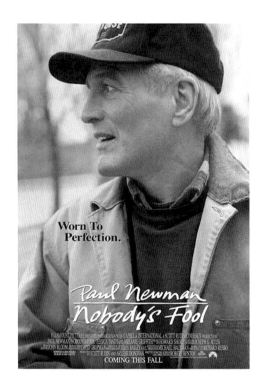

한 사람의 가치를 속단하는 일은 위험하다. 잠깐 동안에 그 가치가 드러나는 사람이 있는 반면에, 천천히 그 진가를 발휘하는 사람도 있기 때문이다. 학창 시절 두각을 나타내다가도 사회에서 별로 주목을 받지 못하는 사람도 있지만, 전혀 주목을 받지 못하다가 천천히 내공을 쌓아 훗날 주위를 환하게 밝혀주는 경우를 우리는 종종 목격한다. 이혼 가정의 문제를 밀도 있게 다루어 많은 이들을 감동시켰던 『크레이머 대 크레이머』의 로버트 벤튼이 감독하고, 인생의 황혼기에 접어든 폴 뉴먼이 탁월한 연기력을 보여준 영화『노스바스의 추억』(1994)은 한 인생의 낙오자(loser)가 뒤늦게 자신의 진정한 가치를 되찾고 가족의 중요성을 깨닫는 모습을 담은 따뜻한 영화이다.

뉴욕 주의 보잘 것 없는 작은 마을 노스바스에서 건축 하청업자로 일하는 설리 설리번(폴 뉴먼)은 환갑을 넘긴 나이에 집 한 칸 없이, 중학생 시절 은사 베릴 선생님(제시카 탠디) 집에 얹혀 사는 딱한 처지의 인물이다. 설상가상으로 무릎을 다쳐 돈이 되는 일거리를 찾지 못한 나머지 자신을 고용했던 건축업자 칼(브루스 윌리스)을 상대로 소송을 벌여 보상금이라도 받아내려 하지만, 유능한 변호사를 살 능력이 없어 번번이 패소하고 만다. 그는 바람둥이 남편 때문에 속이 상한 칼의 아내 토비(멜라니 그리피스)를 장난 삼아 은근히 유혹하며 칼에 대한 복수를 시도하려고도 한다

재정적으로 궁핍한 만큼이나 설리는 가정적으로도 자랑할 것이 없는 위인이다. 가정을 제대로 돌보지 않아 일찌감치 아내와 이혼하고, 아들인 피터에게 아버지 노릇 한번 제대로 한 적이 없기 때문이다. 그러나 추수감사절을 맞아 어머니를 찾아온 피터와 길에서 우연히 마주친 것을 계기로 설리는 뒤늦게나마 아버지로서의 역할을 하기 시작한다. 대학의 영문과 교수였다가 실직한 뒤 쪼들리는 살림살이 때문에 아내와 갈등을 빚는 피터가 "가끔은 아버지가 현명했다는 생각이 들기도 해요. 집을 나간 것 말이에요.'(Sometimes I think you did the smart thing, just running away.)라고 말하자 설리는 자신의 무책임한 행동이 대물림 될까 봐 피터를 도와주려 애쓴다.

칼이 애지중지하는 제설기를 지키고 선 맹견에게 수면제가 든 햄버거를 먹인 뒤, 그것을 훔치는 일에 엉겁결에 가담하게 된 피터는

모처럼 아버지와 벌인 모험에 어린애마냥 즐거워한다. 자존심을 굽히고 칼을 찾아간 설리가 허드레 건축 일이라도 맡아 피터에게 함께 일을 해보지 않겠느냐고 제안한 것은 형편이 어려운 아들을 재정적으로 돕기 위한 목적도 있지만, 오랫동안 돌보지 않았던 그를 늦게나마 곁에 두고 보살피려는 애틋한 마음이 되살아났기 때문이다. 끝내 피터는 아버지의 도움으로 용기를 얻어 별거했던 아내와의 재결합에 성공한다.

설리의 진가는 아들 피터와의 관계에서만 발휘되는 것은 아니다. 은사 베릴 선생님의 아들인 은행가 클라이브가 부동산에 투자하려고 어머니의 재산을 노리는 것을 눈치 챈 설리는 그가 어머니에게 함부로 접근하지 못하도록 막아준다. 뇌졸중으로 쓰러진 베릴 선생님이 그 사실을 클라이브에게 알리지 말아 달라고 설리에게 부탁한 것도 자신을 요양원에 보내고 재산을 차지하려는 아들의 의도를 잘 알기 때문이다. 결국 클라이브는 휴양시설의 개발이 중단되어 투자자들에게 막대한 손실을 입힌 채 마을을 떠나 잠적해버린다.

남편 칼의 외도에 지쳐버린 토비가 하와이행 비행기 표를 사 들고 찾아와 함께 떠나자고 제안했을 때 그녀를 진정시켜 돌려보냄으로써 칼이 정신을 차리게 만들고, 끝내 파경 직전의 두 사람이 정상적인 부부로 되돌아가도록 만든 주인공도 설리였던 것이다.

이처럼 설리는 노스바스에서 주위 사람들에게 결정적인 도움을 주는, 영화 포스터에 작게 씌어진 대로 "나이 들어 완벽해진"(worn to perfection) 존재로 뒤늦게나마 가치를 인정받는다. "누구도 속일 수 없는 사람"이라는 원제목처럼 그는 허술한 듯 보여도 수많은 좌절과 풍부한 세상 경험으로, 그를 이해하는 사람들에게 삶의 지표가 된 늦깎이 현자인 셈이다.

8. 미국의 스포츠

미국인에게 스포츠는 동일한 규칙을 지키면서 서로 힘껏 겨루어 승리를 쟁취한다는 점에서 기회의 평등, 경쟁, 노력의 기본적 가치를 반영하는 중요한 활동이다. 학생들은 학교 스포츠를 통해 공정한 경쟁과 끝까지 최선을 다하며 포기 하지 않는 정신과 용기를 배운다. 스포츠는 미국인에게 시민 교육의 중요한 수단인 것이다.

(1) 지나친 경쟁의 폐해

많은 미국인들은 스포츠에서 규칙을 지키고 승리하는 방법을 배움으로써 사회생활에서의 경쟁을 준비할 수 있다고 믿는다. 그러나 스포츠 활동은 과열될 수 있으며 자칫 명예로운 패배 보다는 무조건 이겨야 한다는 강박이 작용할 여지가 있다. 실제 아이스하키나 미식축구에서 경기가 과열된 나머지 격렬한 몸싸움이 벌어지기도 하고 운동선수가 불법적인 약물 복용으로 사회적 물의를 일으키기도 한다.

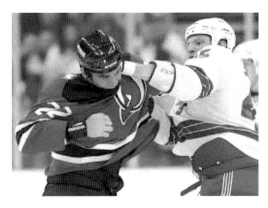

프로 아이스하키에서 벌어지는 주먹다짐

승리를 위한 손쉬운 지름길을 찾고 선수의 인격 보다는 결과를 중시한다는 점에서 프로 스포츠 선수의 경기력 향상 약물(performance-enhancing drug) 복용은 청소년들에게 잘못된 가치관을 심어주어 사회적 폐해를 낳을 수 있다.

(2) 여가 활동

단체 스포츠 활동에 비해 여가 활동은 보다 개인적이며 자발적이다. 그러나 미국인들은 "열심히 일하고 열심히 놀기를 좋아 한다"(We like to work hard and play hard)는 말처럼 여가 생활에서도 고도의 육체 활동을 즐긴다. 스포츠와 여가 활동을 통해 자신을 단련하는 것은 미국인들에게 자기 개발의 한 가지 방법이기도 하다. 또한 자립심과 서부 개척 시대부터 중시되어 온 모험 및 도전 정신을 반영한다.

래프팅을 즐기는 미국인들

(3) 미국인과 비만

운동과 격렬한 여가 활동에 참여하면서도 미국인들 가운데 1/3 정도는 잘못된 식습관으로 과체중 상태를 보여준다. 이는 fast food 등 junk food 대한 탐닉, 탄산음료의 지나친 섭취 등이 주요 원인이지만 바쁜 일과로 빠른 시간에 음식을 섭취하는 "eat on the run"의 결과이기도 하다. 또한 소득이 낮은 빈곤 계층에게는 값싸고 조리시간이 짧은 음식이 호소력을 가질 수밖에 없기에 비만은 단순히 개인적 선호를 넘어 사회적인 문제로 발전된다. 미국에서는 과도한 열량의 섭취를 방지하기 위하여 식품 제조회사가 포장지에 영양성분 (nutritional facts)을 표시하는 것을 제도화하고 있다.

떨치기 힘든 정크 푸드의 유혹

오바마 대통령의 부인 Michelle Obama는 "Let's Move" 프로그램을 통하여 학교에서 야채를 포함한 개선된 급식을 실시하고 체육 활동을 늘려 비만 청소년을 줄이려는 캠페인을 벌였다.

운동 부족을 야기하는 또 다른 원인은 다양한 채널의 케이블 방송, 24시간 접속이 가능한 인터넷 게임과 스마트 폰 중독 현상이다. TV와 영화가 청소년들을 일찍부터 성과 폭력에 노출시켜 사회적 문제를 발생시킨다는 우려 때문에 방송과 영화의 등급제를 실시하고 있지만 부모들의 바쁜 생활 때문에 감시가 소홀할 수밖에 없는 것이 현실이다. 또한 스마트 폰을 통해 24 시간 인터넷 세상을 드나들 수 있는 현실에서 미국의 청소년들은 정신적, 육체적으로 큰 도전에 직면하고 있다.

돈과 통계의 스포츠: 영화 『머니볼』(*Moneyball*)

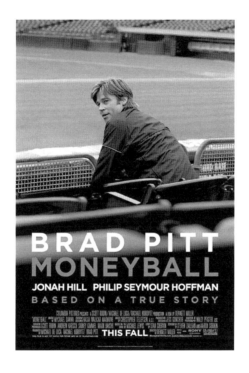

　『머니볼』(2011)은 미국 메이져 리그 프로야구의 만년 꼴찌 팀 오클랜드 어슬레틱스를 우승 문턱까지 이끈 단장 빌리 빈(브래드 핏)의 활약상을 그린 야구 영화이다. 그는 치밀한 통계적 분석력을 지닌 부단장 피터 브랜드와 함께 저평가된 선수들을 모아 2002년 시즌에서 아무도 예상하지 못했던 놀라운 성적을 만들어 낸다.

　프로야구 팀 오클랜드 어슬레틱스 팀의 단장 빌리 빈은 뉴욕 양키스와의 2001년 플레이오프 시즌에서 패배한 것에 대해 아쉬워한다. 조니 데이몬, 제이슨 지암비 등 스타 선수들의 이적이 임박한 가운데, 빈은 2002년 시즌을 대비해 제한된 예산으로 팀을 결성해야하는 처지이다.

클리블랜드 인디언스를 방문했을 때, 빈은 선수들의 가치를 판단하는 극단적 평가 시스템을 갖춘 예일대 경제학과 출신의 피터 브랜드(조나 힐)를 만난다. 전직 MLB 선수인 빈은 브랜드에게 그의 이론을 이용할 경우 자신이 고등학교를 졸업한 뒤 바로 스카우트됐을 가능성을 묻는다. 스카우터들은 빈을 유망주로 여겼지만 그의 MLB 성적은 실망스러웠다. 브랜드는 빈을 9번째 라운드까지 선택하지 않았을 것이라 하며 대학 장학금을 선택하는 것이 차라리 나았을 것이라고 말한다. 브랜드에게서 깊은 인상을 받은 빈은 그를 어슬레틱스의 부단장으로 채용한다.

오클랜드의 스카우터들은 처음에 브랜드의 전통적이지 않은 통계학적인 선수 발굴 방식에 반대한다. 그 가운데 그레이디 퓨전은 빈에게 계속 맞서다가 결국 해고당하고 라디오에 출연해 팀의 미래에 관해 비관적인 예측을 한다. 브랜드는 스카우터들의 경험과 직감을 믿지 않고 출루율을 기준으로 선수들을 선발한다. 빈은 브랜드가 추천한 선수들과 계약하지만 어슬래틱스 매니저 아트 하우는 이 방법에 반대한다. 하우는 빈과 브랜드의 전략을 무시하고 자신이 원하는 라인업으로 경기에 임한다.

시즌 초반, 어슬레틱스의 성적이 저조하자 많은 비평가들은 새로운 전략이 실패했다고 단정한다. 그러자 빈은 구단주에게 브랜드의 방법을 따를 것을 요청한다. 그는 1루수 카를로스 페냐를 이적시키고 대신 해츠버그를 그 포지션에 투입시키게 하며 만일 하우가 협조하지 않으면 이런 일을 계속할 것이라 우긴다. 이후 어슬래틱스는 19연승을 거두며, 아메리칸 리그 역사상 최다 연승 기록과 동일한 성적을 거둔다. 빈의 딸은 어슬래틱스 팀이 3회에 캔자스 시티 로얄즈를 상대로 11대0으로 앞서며 20연승을 눈앞에 둔 상태에서 아빠에게 경기를 직접 가서 보라고 말한다. 빈은 징크스 때문에 보통은 게임을 보러 가지 않지만 팀이 워낙 잘하고 있어 안심하고 경기장을 찾는다. 4회에 경기장에 도착한 빈은 어슬래틱스가 주춤한 사이 11점을 허용하여 동점이 되지만, 마지막 9회에 해스버그의 끝내기 홈런으로 20연승을 거두는 역사적 순간을 지켜본다.

그러나 어슬래틱스는 플레이오프에서 미네소타 트윈스에게 패하며 월드 시리즈 우승을 목표로 했던 빈을 실망시킨다. 얼마 뒤 빈은 이 새로운 통계학적 모델이 야구의 미래일 것이라 믿는 보스턴 레드삭스의 구단주로부터 연락을 받는다. 그러나 빈은 레드 삭스의 역사상 최대 금액인 1억 2천 5백만 불에 단장을 맡아달라는 제안을 거절한다. 그는 오클랜드로 돌아오지만 2년 뒤 보스턴 레드삭스는 이 새로운 전략을 채택하여 월드시리즈에서 우승한다.

9. 21세기 미국 사회의 새로운 도전

21세기에 미국이 직면한 도전들을 각각 (1) 기회의 평등과 경쟁 (2) 중산층의 삶 (3) 인종적 다원 사회에 대한 도전으로 나눠볼 수 있다.

(1) 기회의 평등과 경쟁에 대한 도전

1) 흑인에 대한 차별을 보상하기 위하여 마련한 소수인종우대 정책이 역차별을 가져올 수 있다는 우려가 제기된다. 실제로 대입 전형에서 탈락한 백인 지원자들이 소송을 제기하는 경우가 종종 발생해왔다.

2) 빈곤층을 구제하기 위한 사회 복지제도가 개인의 자립의지를 꺾고 기회의 평등을 기반으로 한 경쟁의 가치를 훼손한다는 우려가 제기된다. Michael Barone은 저서 *Hard America, Soft America*에서 국가가 지향하는 상반된 가치에 따라 미국은 각각 Hard America와 Soft America로 구분된다고 주장한다.

① Hard America는 위험, 혁신, 노력, 진취성을 중시하는데 비해 Soft America는 안정과 평등을 중시한다.

② Hard America는 시장에 지배를 받는데 반해 Soft America는 정부의 계획에 의해 방향이 결정된다.

③ Hard America는 부를 창출하고 Soft America는 부를 재분배한다.

④ Hard America는 질병으로 발생한 빈곤과 나태로 발생한 빈곤

을 구분하지 않아 빈곤 계층에 고통을 야기 하는데 비해, Soft America는 불운에 의한 빈곤과 나쁜 습관에 의한 빈곤을 구분하지 않아 국가 재정에 고통을 안겨준다.

(2) 중산층이 직면한 도전

미국의 중산층 가정은 커다란 재정적 위기에 직면에 있으며 그 원인을 세 가지로 구분할 수 있다.

1) 대학 졸업장이 없어도 되는 높은 급여의 일자리가 대폭 줄어들고 있다.
2) 고등 교육의 필요성이 커지지만 대학의 학비는 천문학적으로 상승하고 있다.
3) 급여의 감소로 동일한 생활수준을 유지하기 점점 어렵다.

(3) 이민 사회에 대한 도전

트럼프 대통령의 당선으로 이민자에 대한 문호가 좁아지고 불법 체류자들이 본국으로 추방되는 사례가 늘어나고 있다. 트럼프를 지지한 백인 노동자 계층은 이민자들이 자신의 일자리를 빼앗아 갔다고 주장하며 이들에게 반감을 표시한다. 다인종 이민 사회가 백인이 구축한 전통적인 가치를 훼손할 수 있다는 우려가 제기되기도 한다. 그러나 이민자들을 지속적으로 수혈 받아 활력이 커졌기에 오늘 날 강력한 미국이 가능했던 것도 부인할 수 없는 사실이다.

백인 우월주의자의 시위 모습

더 나은 미국 사회를 위하여: 영화 『다음 침공은 어디』
(*Where to Invade Next*)

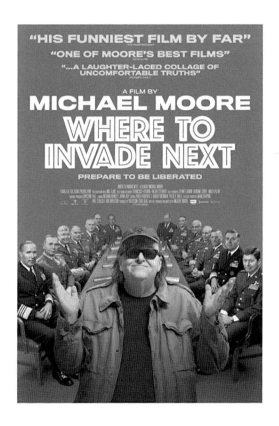

마이클 무어가 6년 동안의 공백기를 깨고 2015년 제작, 감독한 다큐멘터리 영화 『다음 침공은 어디』는 미국이 어떻게 다른 나라의 복지, 정책, 제도를 받아들여 더 나은 나라로 발전할 수 있는지에 대한 해답을 구하는 내용을 담고 있다. 무어는 이탈리아, 프랑스, 핀란드, 슬로베니아, 독일, 포르투갈, 노르웨이, 튀니지와 아이슬란드를 차례

로 침공(?) 또는 방문하여 근로자 복지제도, 학교 급식, 성교육, 대학 교육, 형벌 제도, 약물 사용자에 대한 처벌, 여성 의료 제도, 여성의 권리 보장 등을 관찰하고, 미국이 이들 나라로부터 받아들일 수 있는 교훈이 무엇인지를 성찰한다.

영화는 다음과 같은 순서로 진행된다.

1. 무어 감독은 이태리의 노동자 권익 보호와 근로자 복지 제도를 살펴본다. 그는 인터뷰를 통하여 넉넉한 휴가, 신혼여행 수당, 13개월의 급여, 두 시간의 점심 식사 시간, 육아휴직 수당 등을 제공하는 이탈리아 기업의 환경에 탄복한다.

2. 무어 감독은 프랑스 공립학교의 우수한 학교 급식과 성교육 내용을 둘러보면서 미국 학생들의 상대적으로 열악한 급식과 부실한 성교육과 비교한다.

3. 무어 감독은 핀란드에서 숙제와 객관식의 표준화 시험이 없는 교육제도를 둘러본다. 핀란드 교육부 장관을 인터뷰 하고 교사들과 대화 하면서 그는 미국에서 유아부터 고등학교 과정까지 삭제된 음악과 시 수업이 핀란드에서는 활성화된 사실에 놀란다.

공장 모양의 핀란드 학교 건물

4. 무어 감독은 비싼 학비 때문에 빚을 지고 대학을 졸업하는 미국의 현실과는 달리 슬로베니아가 등록금 없는 대학 교육을 시행하고 있는 사실에 놀란다. 그는 한 대학교의 총장과 슬로베니아 대통령과 인터뷰를 나누며 이 나라의 교육 제도의 비결에 대해 알아본다. 그가 방문한 슬로베니아의 대학에서는 100개의 수업이 영어로 진행된다.

5. 독일에서 무어 감독은 근로자들이 노동과 일상생활의 균형을 유지하며 생활하는 모습에 감명을 받는다. 그는 연필을 제조하는 회사를 방문하여 근로자 복지에 대해 알아보며 역사의 과오를 되풀이하지 않으려는 독일의 역사 교육 현장을 목격한다.

6. 그는 포르투갈을 방문하여 약물 중독자를 처벌하지 않는 국가의 약물 정책과 이 나라가 시행하는 보편적 의료 서비스, 사형제도 폐지에 대해 알아본다.

7. 무어 감독은 노르웨이에서 수감자의 인권을 고려하는 인도적인 교정제도에 놀란다. 최소한의 인원과 경비로 최고의 경비를 갖춘 노르웨이의 범죄자 수감시설을 둘러본 그는 미국에서 벌어지는 수감자에 대한 야만적인 폭력 행위와 인권 유린과 비교해 본다.

8. 무어 감독은 북 아프리카 튀니지가 이슬람 국가에 대한 편견과는 달리 여성의 권리를 보장하는 제도를 시행하고 있다는 사실에 충격을 받는다. 그는 튀니지 정부가 2014년 시민 혁명을 통하여 성과 생식에 대한 여성의 권리를 보장하기 위하여 낙태를 허용하는 등 여성 인권의 보장을 위하여 노력하고 있다는 것을 알게 된다.

2014년 튀니지의 시민 혁명

9. 무어 감독은 인구 30만에 불과한 섬나라 아이슬란드가 심각한 경제 위기를 극복한 이면에는 여성들의 역할이 컸다는 사실을 알게 된다. 아이슬란드는 세계 최초로 민주적 방식에 의해 여성 대통령을 선출한 나라이다. 또한 2008년부터 2011년까지 아이슬란드의 금융 위기를 초래한 부패한 은행가들을 조사하고 기소한 검사가 미국의 검사들로부터 조언을 구했다는 아이러니한 사실을 전해들은 그는 심각한 금융 위기를 겪었으면서도 부패한 금융가들을 처벌해지 못했던 미국의 현실을 개탄한다.

10. 베를린을 방문해 작은 망치와 징을 들은 소수의 시민들의 거듭된 노력들이 더해져서 불가능해 보였던 베를린 장벽이 1989년 마침내 붕괴되는 모습을 떠올리며, 무어 감독은 사회의 변화가 결국은 행동하는 시민들의 작은 노력이 더해져 성취된다는 사실을 강조한다.

마이클 무어는 영화의 결말에서 자신이 침공한 나라들의 다양한 정책과 그 바탕이 되는 신념들은 본디 미국에서 시작되었음을 지적한다. 잔인한 형벌을 금지하는 헌법 조문, 사형제도의 폐지, 8시간의 일과와 5월 1일 노동절, 여성의 평등권 운동 등은 미국에서 출발한 것이지만 시간이 지나면서 발생국에서는 퇴색한 반면 오히려 유럽을 비롯한 다른 국가들이 적극적으로 도입하고 활용함으로써 이제는 미국이 역 수입해야 할 처지가 되고 만 것이다.

윤희수 ────────────────────────

저자 윤희수는 1992년부터 부경대학교 영어영문학부 교수로 재직하고 있으며, 미국 노스 캐롤라이나 대학교(채플 힐) 영문과에서 풀브라이트 방문학자로, 미국 버지니아 대학교 영문과에서 방문 교수로 연구하였다.

저서로는 『영미문학의 길잡이』와 『영화로 세상 읽기: 영문학자가 본 서른 편의 영화』 가 있으며 『월든』을 초역하였다.

미국 영화로 보는 미국 사회

초판인쇄 2018년 3월 5일
초판발행 2018년 3월 5일

지은이 윤희수
펴낸이 채종준
펴낸곳 한국학술정보㈜
주소 경기도 파주시 회동길 230(문발동)
전화 031) 908-3181(대표)
팩스 031) 908-3189
홈페이지 http://ebook.kstudy.com
전자우편 출판사업부 publish@kstudy.com
등록 제일산-115호(2000. 6. 19)

ISBN 978-89-268-8338-9 93330